밑줄을 긋다

밑줄을 긋다

김복혜 수필집

수필과비평사

■ 책머리에

수필을 하면서 그동안 무심하게 여기던 사물에 밑줄을 긋기 시작했다. 그것은 관심을 갖고 이름을 불러주는 일이었다. 널브러져 있던 세계가 호명하는 소리에 비로소 생기를 얻어 수필이란 이름으로 태어났다. 그건 나름대로 새로운 기쁨이었다. 하지만 기쁨만이 아닌 새로운 수필에의 길을 찾아나서는 험준한 고비임을 절감한다.

미진하나마 보이지 않는 것을 보고 들리지 않는 것을 듣고자 했다. 세계와의 알맞은 거리 두기로 보다 도저한 탐색작업에 다시 나서야 할 것이다.

그동안 가르침을 주신 선생님, 수필의 중심축을 든든하게 받치고 선 가족, 격려해 주는 동료들에게 고마움을 전한다. 수필집 간행을 도와주신 서정환 사장님을 비롯 관계자 여러분께도 깊은 감사를 드린다.

2009년 가을에

김 복 혜

| 차례 |

제2부 온탕이 그립다

제3부 마음으로 하는 여행

제4부 양극화

제5부 릴레이 인생

제 1 부

그릇이야기

뚜껑

어느 모임에서 만난 지인의 이야기다. 조카딸이 사법시험 공부를 하는데 머리가 뜨끈뜨끈해지며 아프다고 해 의원을 찾으니 공부를 너무 많이 해 뇌에 과부하가 걸렸다며 소위 말하는 뚜껑이 열린 거라고 했단다. 세상에 얼마나 많은 공부를 했으면, 믿기지 않은 사실에 우린 웃고 말았다.

그러고 보니 뚜껑은 사물에만 있는 것이 아니라 사람에게도 있는 것이구나 새삼 깨닫는다. 뚜껑을 열어 향을 맡고 맛을 보듯 사람도 뚜껑이라는 막을 벗기면 제각각의 향과 맛을 느낄 수 있을 것이다. 짠맛, 싱거운 맛, 느끼한 맛, 매콤한 맛 나름의 맛이 뚜껑 속에 있다. 그렇지만 닫힌 뚜껑 속에서는 존재를 드러낼 수 없다. 뚜껑이 열려야만 확실한 자신의 가치를 인정받을 수 있는 것이다.

아무런 간섭도 제약도 없는 보장된 공간이 뚜껑 속이다. 뚜껑 속에서는 상상의 집을 짓고 허물며 마음껏 꿈을 꾼다. 신선도와 선명도가 보호, 유지되니 꿈은 적당한 농도와 빛깔로 알맞게 익어간다. 요즘 대학 도서관에는 취업준비를 하는 학생들로 가득하단다. 그들은 지금 닫힌 뚜껑 속에서 세상 입맛에 맞추기 위해 숙성의 시간을 보내고 있는 것이리라.

비틀거리며 세상을 걷는 사람을 보면 뚜껑을 잃어버린 사람 같다. 뚜껑을 잃어버리고 나면 김이 새고 맛이 달아난다. 절제의 경계선인 뚜껑을 언제 어느 곳에선가 잃어버리고 오염된 공기와의 접촉으로 부패 산화되어 가는 것만 같아 안타깝다.

섣불리 뚜껑을 열다보면 내용물이 쏟아져 버리거나 변질될 수도 있다. 결혼할 때 반지를 끼는 것은 뚜껑을 닫는 일일 것 같다. 어리석고 허튼 마음을 가정의 울타리 안에서 제대로 단속하고 다듬으라는 뜻이지 싶다. 헤프게 여닫는 지갑은 가정경제의 적신호다. 잘 닫은 뚜껑 속에서는 꿈을 위한 종잣돈이 씨눈을 불리고 있을 것이다.

뚜껑의 안과 밖은 가치 평가의 성적표이다. 제 틀에 맞는 단단하고 야무진 마개로 잘 봉해진다면 설령 누군가 함부로 내던지고 쓰러뜨린다 해도 너끈할 것이다. 열 번을 재고 난 후 한 번의 가위질을 해야 하는 것처럼 물건이 좋아야 값을 잘 받을 수 있듯이 경쟁력을 충분히 갖춘 후에 열린 뚜껑이라야 합당한 가격이 매겨질 것이다.

밥솥의 뚜껑이 열리면 구수하고 맛있는 밥이 그 속에 있고, 세탁기의 뚜껑이 열리면 깔끔하게 세탁된 옷가지가 있다. 펜 뚜껑이 열리면 수필이 되고, 피아노 뚜껑이 열리면 노래가 된다. 오랜 기간 잘 숙성되어 뚜껑이 열리면 군침돌게 익은 꿈이 세상과 조우한다.

헤픈 마음 때문에 상처를 입고 불쑥 내뱉는 말로 상처를 준다. 내 색깔 내 몸집에 알맞은 나의 뚜껑이 제때 제대로 열리고 또 닫히는지 항상 마음을 쓸 일이다.

앗상블라주

매주 수요일은 우리 아파트 재활용수거일이에요.

경비실 앞마당에는 아침 일찍부터 이집 저집에서 내놓은 재활용품이 수북이 쌓여 있네요 사람들은 거북한 장 청소를 하듯이 쌓여 있던 쓰레기를 배출해버리느라 안간힘을 쓰더니 후련한 표정으로 서둘러 그 자리를 뜨고 있어요.

커다란 그물주머니에 구겨 넣는 각종 생활용품들은 난데없는 봉변에 기막혀하며 항변하고 있어요. 필요해서 실컷 이용하고는 이제 와서 환경오염의 주범 취급하느냐, 이 쇠창살감옥 같은 그물주머니에 갇힐 만큼 잘못한 게 없다며 무죄를 주장해요. 그럴

바엔 쓰레기봉투에 담아 아예 매장시켜 달라네요 재활용품이라는 그럴듯한 꼬리표를 붙이는 건 더 참을 수 없다며 절규하고 있어요.

얼른 배출해 버리고 달아나고 싶은 사람, 이럴 수는 없다며 기를 쓰고 뛰쳐나가려는 재활용 쓰레기들로 한바탕 야단법석이에요. 어, 그런데 저쪽에서 싸늘하게 이 광경을 지켜보는 빈병이 보이네요. 텅 비어버렸으니 더 이상 흔들릴 일도 없다며 체념 섞인 넋두리를 중얼거려요. 세상살이 원래 그런 거. 그러기에 일찌감치 감정에 지배되지 않고 냉철한 이성으로만 살기로 마음먹었지요. 깨어질망정 휘어질 순 없어요. 누구와도 쉽게 타협하지 않으려다보니 경계의 대상이 되긴 했지만. 냉소를 머금은 채 매서운 눈빛을 번뜩이는 유리병의 어딘가에서 허망함이 묻어나는 건 왜일까요.

옆의 스티로폼은 빈병과는 대조적이에요 언제는 간편하네 어쩌네 하면서 애용하더니 하루아침에 오염 주범으로 모는 법이 어디 있냐며 사방에 침을 튀겨요. 살짝 찌르기만 해도 숭숭 구멍이 뚫리고 입김만 훅 불어도 녹아내릴 것 같은 여린 마음인데 마음대로 농락해놓고 이제 와서 이럴 수는 없다네요. 조용히 하라고 억누르는 경비아저씨의 억센 손을 요리조리 피해가며 길길이 날뛰고 있어요.

옆에 있던 비닐도 덩달아 맞장구를 치네요. 어떤 것도 쉽게 침

범할 수 없는 질긴 고집이 없었다면 먹을거리를 어떻게 안전하게 보관할 수 있나요. 지킬 것은 빈틈없이 지키려고 바람막이 역을 자처한 잘못이 무엇이냐, 오히려 고마움을 표해야만 도리에 맞는 일이지요. 은혜를 모르는 이 무례함에 결코 허물어질 수는 없지요. 나를 필요로 해 발을 동동 구르는 모습을 보고야 말겠소. 지워진 화장이 얼룩으로 번져 화려하던 모양새가 엉망이 된 줄도 모르고 뺀질거리며 제 할 말을 다하고 있어요.

주위의 소란에도 눈을 지그시 감고 묵언수행을 하던 폐지가 입을 여네요. 최고지식의 산물로 대접받던 시절이 있었고요. 나를 본받아 배우라며 늘 아이들을 다그치는 엄마들의 잔소리는 흐뭇하기 그지없었지요. 어떻게든 나와 친해지게 하려고 애를 쓰는 엄마들의 진정성을 믿었기에 흔쾌히 내 안의 진리를 나누었지요. 그런데 다름 아닌 믿었던 엄마들의 손에 의해서 한순간 길바닥에 내버려진 신세가 되었어요. 더 이상 얻을 게 없다는 섣부른 판단 때문이겠지, 쯧쯧 배움이란 끝이 없다는 것, 역사는 반복된다는 것, 미래는 다가오는 과거일 뿐이라는 걸 미처 깨닫지 못한 몽매함이지요. 하지만 사람마다 생각이 각각이고 이해의 폭 또한 천차만별이니 어쩔 도리가 없는 일. 부디 좋은 새 책을 잘 엄선해 아이들의 올바른 정신을 함양할 수 있게 해준다면 갈래갈래 찢기는 이 아픔은 기꺼이 감수하겠노라며 다시 깊은 침묵에 빠져들어요.

가만히 듣고 있던 페트병도 할 말이 많은 모양이에요. 병과 라이벌로 살아오는 동안 남모르게 애를 태운 적이 많았죠. 말랑한 성향의 내가 입지가 굳건한 병을 상대한다는 것은 여간 힘에 부치는 일이 아니었지요. 사람들은 병 앞에선 조심하면서 내게는 함부로 아무렇게나 대하더라. 가만히 있는 자신을 걸핏하면 흔들어 속을 부글부글 끓일 때가 한두 번이 아니었지요. 오죽하면 참고 참았던 속내를 폭발하기도 했겠느냐, 지금도 봐라 형태 하나 변하지 않은 병과는 달리 무참하게 짓밟혀 찌그러져 있는 모습을. 그렇지만 살아온 삶에 후회는 없어요. 아무리 함부로 다룰지언정 나는 쉽게 모나거나 상처입지 않는다오. 어디든 매끄럽게 잘 적응하는 내 유연함과 융통성이 결국은 병보다 훨씬 많은 인기를 누릴 수 있게 한 원동력이 되었지요. 스스로 생각해도 대견스러운지 배를 꼬부리고 연방 킥킥대며 웃고 있네요.

기운 없이 드러누워 있던 옷가지가 페트병의 말을 듣다 부스스 일어나 앉으며 고개를 끄덕여요. 한때는 따뜻한 가슴에 푹 안겨 다니던 행복한 시절이 있었지. 아직도 곳곳에는 따스한 체취와 흔적이 남아 있지요. 어느 날 난데없이 새옷에게 마음을 빼앗기더니 더 이상 나를 거들떠보지도 않더라나요. 들릴 듯 말 듯 지친 목소리로 긴 한숨을 내쉬어요. 그동안 마음고생이 얼마나 심했으면 저토록 색이 바래진 초췌한 모습일까요. 사랑만 보고 살기에는 이제 너무 지쳤다지요. 어디에 나를 필요로 하는 누군가가 있다면 남은 삶은 마음 편히 입힐 수 있는 친구 같은 존재로 남고 싶어요. 이제 더 이상 미련도 원망도 없어요 부디 새 옷과 더불어 즐겁고 행복하게 살기를 바랄뿐이에요.

다들 헌옷가지의 넉넉하고 훈훈한 마음에 감동을 받았는지 아니면 인정치 않을 수 없는 현실 때문인지 더 이상의 반항 없이 순해졌어요. 그물 속에 친친 묶인 채 재활용수거차에 고분고분 올라타네요. 커다란 짐칸 속에서 다들 부둥켜안고 서로를 격려해요. 아마 닥쳐올 어떤 난관도 잘 극복해서 새로운 모습으로 반듯하게 일어서자고 굳은 결의를 다지고 있는 거겠죠. 그들이 이 다음에 어떤 멋진 모습으로 다시 나타날지 무척 기대돼요. 앗상블라주!

한바탕 전쟁을 치른 경비실앞마당은 언제 그랬냐는 듯 말개졌어요. 옆 슈퍼에서 물건을 잔뜩 사든 사람들의 발걸음이 바쁘게 지나가네요.

---

* 앗상블라주 : 우리 주변에서 흔히 볼 수 있는 잡다한 물건이나 폐품으로 만든 작품.

심심풀이

우리 집 강아지 '사랑'이는 먹고 자고 어슬렁거리다 컹컹 몇 번 짖는 것이 하루 일과의 전부다. 그저 배만 채우고 가끔 쓰다듬는 손길만으로도 충분히 만족스런가 보다. 잔소리를 해대며 분주하게 오가는 내가 심심풀이 볼거리로는 그만인지 종종 거실에 길게 드러누운 채 눈을 끔뻑이고 있다.

강아지가 동동거릴수록 먼지가 풀풀거려 일만 저지른다. 그러나 끌끌 혀를 찰 수도 없다. 고놈이 하는 짓이 때로는 귀엽고 예쁘기 때문이다.

일을 하려고 마음먹으면 한도 끝도 없는 것이 집안일이다. 그렇다고 뚜렷하게 표가 나는 법도 없다. 빗자루와 걸레를 들고 허덕거리는 내 꼴이 한심해져 에라, 모르겠다며 털썩 소파에 주저앉는다. 늘어져 있는 놈의 배를 툭툭 건드리며 하릴없이 장난을 친다.

가끔 심심풀이 대상을 찾는 것은 일부러라도 한번 심심해지고자 하는 마음의 움직임이다. 바닥에 엎드려 놈의 눈에 내 눈을 맞춰본다. 말! 그건 고픈 배를 채워달라거나 사랑해달라고 조르거나 이해하고 알아달라는 투정일 뿐이지, 사랑아. 공부라는 것 또한 일종의 깨달음에 이르는 길이기는 하다. 텅 비워 무無로 승화하는 아름다움이라고 상투적인 말을 떠벌린다.

놈의 눈은 무엇인가 말하고 있다. 낑낑 끙 끼이잉 세 마디가 의사표시의 전부인 놈의 단순한 삶이 부럽다는 생각도 든다. 엉덩이를 찰싹거리고 배를 간질이고 털을 움켜잡으며 도리질하는 놈을 집적거린다. 놈의 삶을 내 삶의 심심풀이로 삼다니 미안하기는 하지만.

* * *

한동안 모른 채 지내던 친구에게 문자메시지를 날린다. 요즘 어떻게 지내 바쁘지 않으면 연락 줘. 1분 2분 3분…. 대답이 없다. 바빠 미처 메시지를 확인 못한 것이겠지. 아쉬운 마음을 접는다. 연락이 왔다. 일전에 보낸 문자 씹어서 미안하다고…. 나는 씹히는 줄도 모르고 씹히고 있었다.

껌을 씹을 때 윗니와 아랫니는 내리고 올리는 타이밍이 절묘하게 맞아 떨어지며 짝짜꿍이 된다. 씹으면 씹을수록 쫀득거리는 재미가 그만이다. 불고 터뜨리고 아작거리며 친구는 내 문자, 아니 나의 무심함을 껌처럼 씹고 또 씹었을 것이다. 나는 종종 심심풀이용 땅콩이나 오징어다리 신세로 친구 곁을 찾는다.

* * *

고소하고 달콤한 맛에 끌려 과자를 먹는다. 와작와작 과자는 맛으로도 먹고 소리로도 먹는다. 부드럽고 달콤한 맛이 입 안에 퍼진다. 세상사에 두 팔 걷어붙이고 뛰어들 용기도, 그렇다고 아예 달아나 버릴 배짱도 없는 나는 귀동냥 눈대중으로 조금씩 세상을 맛보기나 하는 처지다. 제대로 갖춘 삶을 원하면서도 번거롭다거나 힘에 부친다는 이유로 미적거리기 일쑤다. 취할 것은 적당히 취하고 버릴 것은 대충 버려가며 간편한 인스턴트 삶을 사는 나는 이따금 채워지지 않는 공허를 심심풀이 과자로 채우고 있다.

무턱대고 집어먹은 과자 부스러기는 때로 내 속을 거북하게 한다. 달콤하고 고소한 맛은 내 삶의 노략질꾼이었다. 놈들은 혈관 곳곳을 미꾸라지처럼 돌아다니며 마구 분탕질을 해댄다. 몸이 헝클어지니 정신도 어지럽다. 기회만 있으면 실실 엉덩이를 빼려던 얌체 같은 내 삶은 하릴없이 집어먹은 과자에 뒤통수를 얻어맞고 축 널브러진다.

사랑이가 어느 틈에 슬슬 일어나 거실 여기저기를 어슬렁거린다. 고놈도 그냥 누워만 있기는 너무 심심했던 것 같다. 나는 도그후드라는 말이 적힌 봉투를 뜯는다.

수평과 수직

고공 크레인은 먹이를 물어 나르는 거대한 매머드 같다. 매머드가 물어다 준 먹이를 넙죽넙죽 받아먹는 건물은 하루가 다르게 쑥쑥 키가 자란다. 아침저녁이 다르게 자라는 육중한 건물 때문에 도시의 하늘은 자꾸 움츠러든다. 건물이란 하늘을 야금야금 먹어치우는 식성 좋은 위장이다.

건물과 건물 틈새로 보이는 보자기만 한 하늘이라도 마저 차지할 셈이었는지 건물은 앞을 다투어 뒤꿈치를 치켜든다. 그 열기로 들뜬 도시의 공기도 덩달아 각다분하다. 경쟁에서 밀린 도시의 전신주는 키재기 자리에서 밀려난 지 오래다. 밀려나지 않으려고 안간힘을 쓰던 이웃 건물은 어느 날 또 다른 매머드의 이빨에 뜯기고 더 높은 위용을 자랑하려 한다.

도시의 건물이 경쟁하듯 수직으로 높이 솟을수록 사람의 삶도 덩달아 가파른 오르막을 탄다. 암벽을 타듯 숨차고 힘겨워하면서도 사람은 건축물을 더 높이 세우면서 오히려 고단한 삶을 스스로 즐긴다.

먼데서 우뚝 솟아 있던 산도 건물과 건물 사이에 몸이 걸려 놀란 듯 눈이 동그랗다. 큰 덩치를 서로 들이미는 건물들 틈새에서 산이 어찌 당황하지 않겠는가. 조금 조금씩 높아지던 건물이 설마 산의 권위에 도전장을 내밀 줄은 몰랐을 것이다. 처음 산은 어른흉내 내는 아이의 재롱쯤으로 치부하고 여유롭게 건물을 지켜보고 있었는지도 모른다.

그런데 아니다. 건물은 산의 권위마저 꺾으려 한다. 턱을 치받고 기어오르는 건물이지만 오랜 옛날부터 지켜온 권위는 쉽사리 내줄 수 없을 것이다. 산도 안간힘을 쓰기는 마찬가지다. 까치발을 한 산은 건물 옥상에 덩그렇게 머리를 내밀었다. 그렇게 제 모습을 돋보이려 안간힘을 쓰는 산의 어디쯤에 이따금 산처럼 한번 솟아보려 턱없는 욕심을 부리는 내가 있다. 높은 구두를 발에 꿰고 키가 조금 더 컸다고 속으로 으스댄다. 이런 내 약은 잔꾀가 남 보기에 당돌할 것은 사실이다. 하지만 나 또한 남들처럼 조금 큰 키를 소망하는 마음을 어쩔 수 없으니 어쩌랴.

평상을 골목에 펴놓고 오가는 이웃과 정을 나누던 우리의 삶은 수평으로 퍼져가는 정으로 따뜻했다. 굳이 고개를 치켜들고 올려다봐야 할 건물이 없었다. 시선을 편안히 둘 수 있었다. 함께 둘러앉아 먹던 밥상에는 높고 낮은 권위 같은 것이 없었다. 정다움을 먹고 부지런히 이웃을 오갔다. 친한 친구 또래와는 한 이불을 덮고 스스럼없는 이야기로 서로의 마음을 오순도순 나누었다.

개항 이래 서구 문명이란 물결이 거세게 우리 주위를 밀어붙였다. 그 결과 서정적이며 감성적이던 우리 고전음악과는 달리 차가운 쇠붙이의 질감처럼 냉정하고 틀에 꽉 짜인 요란한 서양 음악이 우리 귀를 흔들었다. 언제 어디서든 편안하게 판을 벌리던 우리 마당놀이와는 달리 서양 연극은 공간과 시간의 지배를 받으며 무대와 관객을 구분지었다.

서구문명이 득세하면서 우리 삶도 건축물처럼 수평이 아닌 수직으로 서서히 모습을 바꾸어 갔다. 음악이란 것이 이렇게 생활마저 변모시킨다는 것이 다소 의외이기는 하다. 밥상이 식탁으로 바뀌고 방석이 의자로 바뀌었다. 방석은 편편하지만 의자는 서로 높낮이가 달랐다.

가옥의 변화는 밖으로 나타나는 더 큰 변화다. 덩치가 커지고 큰 덩치에 맞추느라 커다란 방, 커다란 응접실, 커다란 주방구조가 사람을 어리둥절하게 한다. 하지만 마음 편하게 묵어갈 잠자리는 마뜩찮다. 잠자리가 침대로 서구화되면서 구들방이 아닌

침대가 수직으로 사람의 생각을 더 높은 곳으로 끌어 올린다.

수직생활은 보나마나 위로만 향하고 있어 자연스럽게 치솟고자 하는 욕망을 낳는다. 너나 없이 높이 오르려는 경쟁에 뛰어들고 그러면서 오른 자와 오르지 못한 자 사이에는 틈이 생긴다. 상류층이니 하류층이니 하며 계층 간의 갈등이 양산되는 것은 수직생활이 낳는 자연스런 부산물이다.

피아노 경연대회에 출전한 아이는 옥타브와 옥타브를 숨 가쁘게 오르내리느라 몸에 비지땀을 쏟았다. 숨 돌릴 틈새도 없이 옥타브란 소리의 계단을 오르내리기 위해 말 그대로 피눈물 나는 연습을 거듭해야 했다. 그러나 경연대회 준비를 하는 동안 아이의 몸과 마음 어디에도 음악을 하는 즐거움 같은 것은 찾아볼 수 없었다. 오르내리는 가파른 음계는 집안 곳곳에 끼어들어 식구들의 숨결마저 아이가 치는 피아노 소리와 함께 오르내리게 했다.

뭐니 해도 삶은 흥에 겨워야 할 것 같다. 흥은 우리 가락처럼 절로 판이 벌어져야만 한다. 가로세로 얽힌 격자창의 세로는 중간 중간 가로가 받침이 되어 흔들림 없는 든든한 구조물이 될 수 있다. 가로 또한 견고하게 선 세로에 의해 한 단계씩 직물처럼 차근차근 짜인다. 대나무가 쭉 뻗어 오르기 위해서는 마디와 공간의 힘을 필요로 하지 않던가. 가로와 세로가 서로 도우미가 되어 알맞게 엮어질 때 우리 삶에도 수평과 수직을 탓하지 않는

짜임새가 되어 즐거울 것이다.

하루는 바다에 나가 수평선을 보았다. 또 하루는 수직으로 까마득하게 솟은 건물 사이를 비껴가면서 도시에 사는 나를 보고 있었다.

글쓰기

근래 들어 글자는 나와 밀접한 관계를 유지하는 친구 같은 존재다. 예전에도 숱하게 마주치긴 했지만 왠지 골치 아플 거라는 선입견 때문에 글을 슬슬 피해온 것이 사실이다.

요즘의 나는 글에서 새로운 의미를 찾아보는 일이 중요한 일과가 돼버렸다. 글쓰기 공부를 하면 할수록 점점 글의 매력에 매료되어 가는 나를 발견한다. 글은 무료하게 시들어가는 나에게 단비가 되어 메말라가는 감성을 촉촉이 적셔준다. 글과 함께하는 시간은 텅 비어있는 지성의 창고에 하나둘 알곡을 채우는 의미 있는 시간이기도 하다.

글은 사랑의 불꽃이 되어 상대의 가슴을 두드리기도 하고 멜로디 위에서 시소를 타며 감미로운 노랫말로 우리를 즐겁게도 한다. 우스개로 갖가지 재주를 부려 우울한 이를 위로하기도 하고 허접한 일상의 품격을 높여주는 작품이 되기도 하며 우리를 철들게 하는 따끔한 회초리가 되기도 한다.

글쓰기의 세계로 들어선 나는 다른 것과 쉽게 타협하지 않는 고집이 생겼다. 그 고집으로 인해 고독할 때가 많지만 고독 속에서 나온 글쓰기일수록 더욱 믿음을 줄 수 있다는 생각이다. 글쓰기는 언제나 원칙을 고수하기 때문에 고리타분하고 답답하다며 멀리하는 사람들이 많지만 글쓰기 속의 글자 또한 깊은 뜻을 몰라주는 사람들을 보며 답답해 할 것이다.

글쓰기의 깊은 속을 알 수가 없어 골머리를 앓다가 사전을 뒤적거리다보면 글쓰기는 어느새 변신술이라도 부린 듯 비슷비슷한 글자로 늘어서서 나와 숨바꼭질을 즐기려 한다.

숨어있는 끼를 마음껏 발산하고 싶은 글쓰기는 상업적 광고와도 어깨를 겨눈다. 길가에 늘어선 광고 간판에는 나름대로 멋을 부린 글자들이 지나는 이들을 유혹하고 있다. 마치 대회에 참가한 모델처럼 각각의 모습으로 각가지 포즈를 취하며 남보다 튀어 보이려 애쓰는 모습을 감상하는 재미가 쏠쏠하다.

급기야는 현수막의 글자들이 두 손을 벌려 가로막고 "그대로는 못 가십니다." 하고 애원하며 매달리는 것 같기도 하다. 글쓰기는 늘 새롭게 변신해야 한다는 부담감에도 불구하고 가장 짧은 문장으로 최대의 효과를 얻을 수 있어 나름의 자부심을 갖고 있다. 글자는 각각의 사명감을 안고 태어난 게 아닌가.

세월이 흐르면서 글쓰기는 자꾸 눈에서 달아나려고 한다. 가물가물거리는 글자를 찾아 돋보기를 들이대며 가두어 보려고 하지만 끼 많은 글자를 붙잡아 두기엔 역부족이다. 그러기에 제때 되도록 많은 글쓰기를 깨우치려 부단한 노력을 기울여야 하건만 풍요로울 땐 그 가치를 평가절하하는 미시적 사고인 탓에 늘 부족함을 느끼며 헤매는 것이다.

글쓰기는 그릇된 길로 들어서지 않게 올바른 행선지를 일러주는 표지판이기도 하다. 표지판은 확고한 믿음을 주어야 하기에 거꾸로 서거나 뒤죽박죽 문장으로 혼란을 주지 않고 언제나 문맥에 맞게 차례로 줄을 서는 모범생의 길을 걸어가고 있는 것이다. 그런 점에서 요즘의 통신언어는 제대로 된 예절을 익히지 못한 철부지 글자들의 막무가내식 소행이 아닐까 싶다.

우리 역사상 가장 빛나는 보석인 우리글의 품격을 지켜주는 글쓰기야말로 우리 넋의 가치와 위상을 드높이는 일이 될 것이다.

숨은 복福

'복 많이 받으세요.'

어떤 모양이며 어디에 있는지 도무지 실체를 알 수 없는 복을 자꾸만 받으라고 한다. 왠지 알맹이 없는 빈 봉투를 받은 듯 공허하기만 하다. 누구나 갖기를 간절히 소망하는 복은 도대체 어떻게 해야 가질 수 있으며 어디에서 찾을 수 있을까.

혹여 바로 우리 곁에 턱 괴고 앉아 능청스레 혼잣말을 중얼거리고 있는지도 모를 일이다.

"나를 어떤 형태나 무게, 맛, 향으로 결정짓지 말아요. 사람들은 똑같은 상황임에도 감사하거나 원망하는 각기 다른 마음 빛을 나타내죠. 그러기에 나의 존재 역시 시시각각 달라질 수밖에 없어요. 있기도 하고 없기도 하며 있되 있다고 할 수도 없고 없되 없다고 할 수도 없어요. 세상사가 나로부터 비롯되고 완성된다고들 하지만 욕심만으로 나를 가질 수는 없어요. 말과 행동의 일치에서 오는 정직성이 있어야지요."

여러 색깔의 분사기로 뿌려 놓은 듯 알쏭달쏭하기만 한 세상 그림 속 어느 곳에 복福은 숨어 애를 태우게 하는 것일까. 눈앞은 착시현상으로 혼란스럽기만 하다.

"굳이 내 형태를 찾고 싶다면 저 씽씽 달리는 자동차 옆 황색선을 보세요. 불상사를 대비하며 일탈하지 않는 경계심, 넘지 않아야 할 것을 넘지 않음으로서 지켜지는 일상성, 그래요, 그게 바로 당신의 복福이라구요."

* * *

한창 단잠에 빠져있는 몸을 채근해 러닝머신 위에 선다. 잠이 덜 깬 세포와 근육들이 게으른 하품을 한다. 열기가 서서히 더해지며 기지개를 켜기 시작한 몸속에선 축적과 배출의 안간힘이 서로 후끈 달아오른다. 흐르는 땀이 윤활유가 되어 헝클어져 있는 마음에 빗질을 하고 나약해져가던 가슴에 방망이질을 시작한다. 부정이 긍정으로 좌절이 희망으로 슬며시 자리를 옮겨 앉는다.

이윽고 머물러 쉬고 싶은 본능과 박차고 나가 뭔가를 이루고 싶은 의지가 갈등을 일으킨다. 열심히 내딛는 발걸음은 순리를 따르는 옳은 방향이기에 건강을 담보로 한 튼실하고 복福된 삶으로 이어지리라 믿는다. 흔들리는 파도 위에서 가까스로 중심을 잡는다.

고비를 넘기자 여유가 찾아온다. 서툴던 걸음은 안정을 되찾고 갈등을 이기고 나온 다리는 경쾌하다. 미움도 욕심도 부질없는 깃털이다. 어느새 신바람이 몸안에 가득 찬다.

* * *

놀이터엔 바람이 숨바꼭질을 하고 있다. 숨어버린 또래들을 찾아 이리저리 기웃대더니 도저히 찾을 수 없는지 그네에 풀썩 주저앉고 만다. 심심하고 따분한 건 그네도 마찬가지라. 연방 징징대며 투정을 부린다. 푸른 하늘을 향해 차고 오르던 아이들의 힘찬 기운을 받지 못해서일까. 한쪽 어깨가 축 처져 풀이 죽어있는 시소다. 오르락내리락 쉴 새 없이 엉덩방아를 찧으며 추임새를 넣던 흥겨운 아이들의 노랫소리는 아득히 멀어지고 평형을 맞추려 안간힘을 쓰던 노력조차 한낮 추억이 되어 버렸다. 수평으로 나란해지기란 얼마나 힘든 고통이던가. 고통조차 그리움이 되어버린 시소의 안타까움이 미끄럼틀에게로 옮겨진다. 끊임없이 기어오르기를 반복하며 성가시던 바람은 어느새 미꾸라지처럼 빠져 나가 숨어버렸다. 손자에게 수염을 뽑히면서도 껄껄 웃던 할아버지의 웃음이 그립다. 벌써 해님은 갈길 서두르며 엉덩이를 털고 일어서는데 숨어버린 바람은 전혀 보이지 않는다.

“못 찾겠다 꾀꼬리~꾀꼬리~ 꾀꼬리~.”

저기! 멀리보이는 학원 건물 속 까만 눈동자들이 숨을 죽이고 있다.

굴뚝 없는 집

고양이 발톱처럼 앙칼진 바람이 살갗을 할퀴고 지나가는 겨울날씨엔 자글자글 끓는 아랫목이 눈물나게 그립다.

추위 탓인지 아니면 온기를 느낄 수 없는 세상 때문인지 어슬어슬 한기가 들며 알 수 없는 서러움이 콧물이 되어 흐른다. 연방 코를 훌쩍거리며 매섭게 달려드는 추위에 쫓겨 도망치듯 집 안에 들어선다.

막상 집안에 들어서본들 얼어있는 몸을 녹일 따끈한 공간이 마뜩찮다. 보일러를 켜고 온도를 높여 보지만 배관을 타고 흐르는 음습한 습기는 칼바람에 상처입은 심신을 쓰다듬기엔 역부족이다. 추위를 가시는 정도의 미지근한 온기로는 오소소 돋은 한기를 가시지 못한다.

우리나라 북방의 겨울 추위는 그 위세가 대단했다. 그래서 조상들은 추위를 견디기 위해 방바닥을 도랑처럼 파서 고래를 만들고 그 고래 위에 납짝한 판석을 나란히 덮어 구들을 만들었다. 고래의 앞쪽에는 불을 지피는 아궁이를 만들고 고래 뒤편 끝은 집밖으로 내어 굴뚝을 만들었다. 아궁이에 불을 지피면 뜨거운 열기가 고래를 덥혀서 그 더운 기운이 방안을 덥혔다. 난방으로 인해 발생한 연기와 그을음은 굴뚝으로 배출하여 제대로 된 기의 흐름을 유도하였다. 따끈한 온돌방은 아궁이와 구들과 굴뚝의 순조로운 흐름에 의해 만들어지는 것이다.

추위가 기승을 부릴 때에는 아궁이에 더 많은 나무를 지펴야 했다. 추위가 몰아칠수록 불길은 더욱 거세어졌다. 혹여 북서풍이라도 불어닥치면 찬 공기가 굴뚝을 타고 역류하는 현상이 생겨 자칫 화를 당하기 십상이었다. 그래서 굴뚝을 아궁이의 반대편에 높이 세워 불을 잘 들게 했다. 굴뚝을 집의 어디에 두고 그 높이를 얼마만큼 할 것이냐는 난방에 있어 가장 중요한 일이었다.

제대로 된 굴뚝이 세워지면 마른 나뭇가지인 땔감을 먹은 불길은 구들을 덥히고는 굴뚝으로 순하게 빠져나갔다. 찬바람에 고드름이 되었던 서러운 마음은 따끈한 온돌방에 들어서면 어느

새 뚝뚝 녹아내렸다. 어른들의 지혜와 경험이 범벅된 구수한 이야기 속에 군고구마는 익어가고 뜨끈뜨끈한 고구마는 아이들의 양식이 되어 한겨울을 나게 했다. 토닥토닥 따스한 손길에 세상만사 시름 다 사라지고 눈꺼풀은 살포시 내려앉았다.

요즘같이 팍팍한 일상에는 불쏘시개가 될 허접한 땔감은 넘쳐나는데 불길이 시원스레 뚫고나갈 굴뚝을 찾지 못해 매콤한 연기가 방안에 가득하다. 열기가 구들을 덥히지 못해 방은 냉골이다. 보일러에 의해 난방을 하는 요즘의 가정에는 온수가 배관호스를 타고 뱅글뱅글 맴돌기만 할 뿐 흐려진 물을 배출시킬 굴뚝이 없다. 기의 흐름이 순조롭지 못하면 탈이 생기는 법이다. 배출되지 못한 그을음으로 인해 목은 따갑고 시력은 흐려진다. 진눈깨비 휘날리는 거리의 풍경은 을씨년스럽고 여기저기서 쿨럭쿨럭 기침 소리가 끊이지 않는다.

지하철 통로를 가로막고 드러누운 노숙자들은 소통되지 않는 닫힌 삶의 질곡이다. 거침없이 달리던 사람들의 발길이 주춤한다. 개중에는 순조로운 자신들의 앞길을 막고 있는 것이 못마땅한 듯 눈살을 찌푸린다. 세모의 종소리가 울려 퍼지며 닫힌 마음을 두드리고 있다. 열린 마음들이 신문지에 얼굴을 가린 서러운 마음을 보듬어줄 수 있다면 세상 온 누리는 내내 맑은 종소리가 울려 퍼지리라.

벌거벗은 시린 나무가 화려한 조명 옷으로 멋진 변신을 하였다. 굴뚝은 닫힌 삶의 질곡을 넘어서는 변혁의 길이기도 하다.

발톱을 곧추세운 찬바람이 몰려온다. 잘잘 끓는 온돌이 절실한 이 계절엔 아궁이의 불길이 원만히 소통할 수 있게 굴뚝을 제대로 세우는 일이 무엇보다 시급한 일인 것 같다.

그릇이야기

1.

썰물 빠지듯 식구들이 나가고 뒤늦은 아침을 먹기 위해 혼자 식탁에 앉았다.

수저를 들 생각이 없어 물끄러미 개수대 쪽을 보니 여기 저기 너부러진 그릇들이 눈에 쌓인다. 한정된 주방공간에서 함께 지내는 그릇들이다. 이런저런 일로 뒤숭숭한 나와는 달리 그릇들이야 별 생각 없이 지내겠거니 싶었는데 의외로 그들끼리 진지한 고민을 달그락거리고 있는 듯하다.

밥그릇이 먼저 볼멘소리를 한다. 요즘 아이들은 건강하고 행복한 식사생활과는 거리가 멀다고 투덜거린다. 밥과 간식의 구별을 못하는 처지라 체격은 어쩌다 커졌을지 몰라도 체력은 떨어진다며 일침을 놓는다. 나날이 쓰임새가 뜸해지는 밥그릇의 처지를 서글퍼하는 소리만은 아니라고 한다.

옆에서 듣고 있던 국그릇이 침을 튀기듯 대꾸를 한다. 음식의 기본이 되는 것은 두말 할 것 없이 밥이다. 그 밥이 제대로 맛을 내어 입맛을 끌어당겨야만 국이나 다른 반찬도 절로 찾게 마련이다. 그런데 밥이 요즘 아이들의 입맛에 따르지 못하여 제구실에서 멀어지니 국그릇도 덩달아 외면당하고 있다며 국물을 훌쩍 들이켜는 시늉을 한다. 제 몫만 챙기듯 밥만 꾹꾹 눌러 담으며 주위를 돌아보지 않는 외고집 같은 밥그릇에 대한 불만이다.

국그릇의 난데없는 공격에 밥그릇도 다시 정색을 한다. 그나마 누구 덕에 존재가치를 인정받느냐. 허구한 날 훼훼 풀어진 국물로 이 각박한 세상을 어떻게 살아가겠느냐며 끌끌 혀를 찬다. 실속 좀 차리라고 한다.

국그릇은 돌아앉으며 혼자 투박한 말을 엎지른다. 그렇게 빡빡하게 세상 살고 싶지 않다며 순리대로 슬슬 풀어나가도 급할 것 없단다. 다들 제 밥그릇만 지나치게 챙기는 판국이어서 세상은 갈수록 따분해진다며 차라리 시래깃국처럼 허리춤을 느슨하게 끌러놓고 살고 싶단다.

밥그릇과 국그릇이 옥신각신하는 틈에 대뜸 간장종지가 끼어든다. '먹어서 죽는다.'는 말도 있지 않느냐, 쓸데없이 큰 그릇으로 넘치게 음식을 차려내는 소비성향에 끌려 먹을거리의 소중함을 깨닫지 못하게 되었단다. 이 기회에 과감히 구조조정을 단행하여 몸집을 줄여야 한다며 간장종지를 그 본보기로 삼으라고 주장한다. 부족한 듯 사는 삶이 작은 것에도 감사하는 마음의 씨앗이란다. 고마움을 아는 것이 참다운 삶의 지혜 아니겠냐며 생긴 모양새대로 짭짤한 소리를 한다.

가지런히 앉아 이야기를 듣고 있던 젓가락이 맞장구를 친다. 숟가락으로 아무거나 마구 퍼먹던 시대는 이미 지났다. 이제는 젓가락을 이용해 한점 한점씩 가려 먹으면서 삶의 질을 점차 높이는 단계의 소중함을 알아야 한다나.

그런데 이웃해 있던 숟가락이 발끈 달아오른다. 밥상머리에도 순서와 질서가 있고 숟가락과 젓가락의 역할은 엄연히 다르거늘 어찌 얌체같이 제 좋은 것만 젓가락으로 콕콕 골라먹느냐. 자고로 예를 갖추어야 올바른 밥상예절이 지켜지는 법인데 이웃사촌도 모르는 망발이라며 끌끌 혀를 찬다.

서로 한 치 양보 없이 옥신각신하는 사이 오밀조밀한 목소리가 들린다. 한껏 멋을 부리고 뒤늦게 나타난 찻잔이었다. 이제 제발 먹는 이야기는 그만하라며 먹기 위해 악착을 떨던 시대는 지났단다. 진정한 삶은 여유를 갖고 우아하게 사는 삶 아니겠냐며 목소리를 가다듬으며 사뿐히 자리를 차지하고 앉는다.

입씨름을 가만 듣고 있던 양은 냄비가 못마땅하다는 듯 편치 않은 속내를 드러낸다. 별로 하는 일도 없이 고상한 척 거들먹거리다가 조그만 충격이 가해져도 맥을 못 추고 쓸모없이 돼 버리는 삶보다는 궂은 일로 만신창이가 되더라도 깨끗이 씻고 나면 거뜬해지는 삶이 훨씬 살맛나는 일이라며 입바른소리를 한다.

생긴 대로 남에게 따라주기 좋아하는 주전자도 거들고 나선다. 우리가 가진 것은 다 우리 몫이라 할 수 없다. 내가 하나를 가진 순간 틀림없이 하나를 잃는 데가 있는 법이다. 많이 가지면 가질수록 남이 가질 수 있는 기회를 내가 가로채는 것이나 마찬가지라며 도덕군자 같은 소리를 한다. 뭐니 해도 베푸는 삶이 가장 행복한 삶이라며 따끈한 물을 골고루 나눈다.

물을 받아들며 유리잔도 고개를 끄덕인다. 숨김없이 모든 걸 다 드러내어 맑게 살잔다. 거짓 없는 정직한 삶이야말로 이상적인 삶이란다.

듣는 둥 마는 둥 나앉아 있던 접시들에게 모두의 시선이 쏠린다. 남은 음식을 담던 반찬통이 툭 쏘아부친다. 도대체 너희들은 무슨 기준으로 음식을 담느냐. 담긴 모양 따라 음식의 평가가 달라지니 제발 제대로 된 모양새와 품격을 갖추라고 은근히 군소리를 한다.

그 말에 오목조목한 접시들이 손사래를 친다. 우리는 틀에 박힌 형식과 사고를 경계한다. 갖가지 형태의 재미는 창조적인 삶의 뿌리가 되는 셈이라며 자연스런 변화야말로 진정으로 추구해야할 보람 있는 삶이 아니겠느냐며 덩치에 어울리지 않아 보이는 야무진 소견을 편다.

끼니마다 맵고 짜고 달고 신맛을 담으며 냉가슴을 앓던 크고 작은 그릇들이 그동안의 불만을 털어 내느라 입을 쫑긋거리며 찧고 또 볶는다. 에라, 그들 불만을 다독거려야 한다.

나는 서둘러 그릇들을 함께 모아 설거지통에 집어넣는다. 후끈 달아올랐을 그릇들의 열기를 식히고 가셔줄 셈으로 수도꼭지를 확 튼다.

2.

소쿠리는 헐겁고 엉성한 모양새가 시장 아줌마의 표정이다. 아무렇게나 다루어도 이런저런 군소리가 없다. 물기에 젖은 생선과 과일을 받아준다. 군말 한 마디 없는 소쿠리가 만만하여 다루기조차 편안하다.

가벼운 재질이며 가장자리의 둥근 곡선이 보기에 좋다. 그것은 쉬이 모나거나 상처입지도 않는다. 상대에게 부담을 주지 않으려는 배려 같다. 야무지고 단단한 건 아니지만 남다른 고집은 있다. 소쿠리는 먹을거리를 담고 비운다는 의미에서 또 다른 그릇으로 사랑을 받는다.

소설가 김훈은 폭우에 비행기는 추락해도 까치둥지는 떨어지지 않았다며 새들의 건축공법을 골똘히 연구해서 이 세상의 구조물들을 다시 만들 수는 없는가라고 했다. 새둥지는 헐겁고 가볍게 지어 바람에 저항하지 않고 나무와 함께 공존한다. 그건 어떤 점 소쿠리공법이 아닐까.

지난여름 폭우로 곳곳이 아수라장이 되었다. 개발을 빌미로 습지가 사라져 버리고 땅은 시멘트와 아스팔트로 막혀 버렸다. 하늘에서 내린 비는 땅속으로 순조로이 스며들어야 한다. 땅이 닫혀 있으니 갈 곳을 잃은 물이 방향을 잃고 우왕좌왕할 수밖에 없다. 하늘과 땅이 원활한 소통을 잃은 탓이다.

사람이 사는 길도 예외는 아니다. 세상일에 상처를 받으면 보호본능으로 마음에 단단한 아스팔트를 처바른다. 아스팔트는 두 겹 세 겹 두꺼워진다. 사람 사이는 두꺼운 아스팔트에 걸려 소통이 막히고 마음은 갈수록 딱딱해진다. 소쿠리는 구멍이 난 틈새로 부질없는 세상사를 버림으로써 짓무르지 않고 오히려 신선한 활기에 찬다.

소쿠리는 지나가는 바람을 제 몸에 담지 않고 순하게 걸러준다. 소리도 가두지 않아 소란스럽지 않다. 흐르는 물길을 가로막지 않으니 넘치는 일도 없다. 붙잡아야 할 것과 보내야 할 것 쭉정이와 알곡을 가릴 줄 아는 지혜를 소쿠리에게서 얻는다.

비울 줄 아는 소쿠리. 비우고 소통하는 법을 소쿠리에게서 배우고 싶다.

지붕 없는 집

도시를 차지한 아파트 주택 건물 그 어디에도 번듯한 지붕이 없다. 민머리 같은 건물의 옥상에는 덩치 큰 물탱크가 웅크리고 앉아 따분한 시간을 보낸다. 구석에는 이리저리 나부끼다 지친 허섭스레기들이 고단한 몸을 쭈그리고 졸고 있을 뿐이다. 고래 등 같은 기와지붕과 주렁주렁 박을 달고 의기양양하던 초가지붕은 볼 수 없다.

음식을 만들다 뚜껑 닫는 걸 잊었다. 끓기 시작한 음식물은 끓어오르다 주저앉기를 반복한다. 열기는 수증기로 모습을 감추고 달아나기 바쁘다. 열기가 뿔뿔이 흩어지니 맛은 맹탕이고 연료 부담만 늘어난다. 뚜껑을 닫아야만 분산하던 에너지를 끌어

모을 수 있으리라. 묵직한 뚜껑 속에서 뭉근하게 졸여진 맛은 깊고 풍부할 것이다.

건물의 외양은 화려해지고 높이는 끝을 모르고 수직상승을 한다. 그 와중에서 지붕은 자꾸 뒷전으로 내몰린다. 지붕은 건축물의 완성을 나타내었다. 초가지붕의 맨 위 끝단에 덩실하게 올려진 용마름은 마을 사람들의 정을 똘똘 뭉친 완성품이었다. 기와지붕은 육중한 기와와 흙의 무게를 분산하기 위해 암키와와 수키와로 조화를 맞추었다. 미끄러질 듯 날렵한 처마는 배수를 신속히 해 혹시 닥칠지 모르는 불상사를 미연에 해결하였다.

지붕이라는 상한선이 사라져가는 세상은 도통 종잡을 수가 없다. 상상을 초월한 일들이 벌어지지만 사태를 가늠할 수조차 없다. 패륜이 곳곳에서 저질러지지만 위아래를 분간하는 기준 또한 모호하다. 지붕이 없는 세상에선 격식의 테두리를 벗어난 절제되지 않은 유무형의 사건들이 활개를 친다. 지나치면 끓고 넘치면 막아줄 지붕이 제자리를 잃은 탓이리라.

'삼초땡'(삼십대 초반에 퇴직)이라는 말은 직장인들이 가장 무서워하는 말이다. 예전에는 입사만 하면 정년을 보장받는 튼튼한 지붕이 있었다. 세파에 지붕이 날아가 버린 오늘날은 언제 소나기가 퍼부을지 불시에 비바람이 몰아칠지 잔뜩 웅크릴 수밖에 없다. 하늘에선 쉴 새 없이 천둥번개가 치는데 한 손에 겨우 부러진 우산을 들고 허겁지겁 전쟁 치르듯 사는 것이 요즘 직장인들의 삶이다. 비가 올 때 우산을 챙기는 것은 뒤늦은 대처다. 기후 변화를 예측하는 시스템이 제대로 가동되어 사태에 미리미리 대비해야 할 것 같다.

매주 앞마당에 모인 재활용품들을 보면 뚜껑이나 마개가 없는 것들이다. 버려진다는 것은 쓸모없는 것이며 쓸모없다는 것은 이미 지붕이 열려버린 것인가 보다. 알맹이를 잃어버린 공허로 재활용품 봉지 속은 허허롭다.

옥상에 플라스틱박스를 가져다 놓고 여러 가지 채소를 기르는 집이 있다. 아침이면 그 집 주인은 채소에게 골고루 물을 뿌려준다. 밤새 풀죽어 있던 잎들이 기지개를 켠다. 황량하기만 한 다른 집의 옥상과는 달리 돌봐주는 손길이 있는 이집 옥상에선 푸릇푸릇한 생명이 자란다.

사이클로이드곡선이란 정점에 도달하는 최단시간을 나타내는 곡선을 말한다. 직선의 짧은 거리가 있지만 시간은 사이클로이드곡선에서 가장 빠르다. 기와지붕은 사이클로이드 곡선 모양을 하고 있어 비로 인한 목조 건물의 부식을 막는다. 초가지붕도 볏집이 썩지 않고 비가 새는 것을 막기 위해 사이클로이드 곡선으로 빗물이 재빠르게 땅으로 떨어지게 하였다.

외출하시는 아버지는 늘 모자를 쓰셨다. 훅 먼지를 불어내고는 조심스럽게 머리에 모자를 얹으셨다. 모자는 아버지 머리 위에서 단정했다. 모자는 아버지였고 아버지는 지붕이었다.

모자를 쓰려고 거울 앞에 섰지만 망설여진다. 요즘은 잔뜩 부풀린 머리 스타일이 유행이다. 모자를 벗었을 때 머리카락이 눌려져 형편없는 머리 모양이 된다. 모자는 차림의 격식이 제대로 갖추어졌을 때 멋이 난다. 유행에 편승한 지나치거나 과장된 치장으로 우리는 참삶의 품격을 놓쳐버리고 있는 것이 아닐까. 골격을 제대로 갖춘 집은 지붕이 있는 멋진 집이다.

기와집 초가집 빨간지붕집 등 지붕에 의해 집의 이름이 지어지는 경우가 많다. 지붕이 튼실하게 제자리를 잡는다면 우리도 각자의 위치에 알맞은 근사한 이름을 갖게 될 것이다.

포토샵

나는 나를 실물로 본 적이 없다. 거울을 통해서나 손의 촉감 또는 사진이나 상대방의 눈동자를 통해서 내가 나인 것을 확인한다. 냉기 흐르는 차가운 거울은 일체의 타협이나 아량이 없다. 감추고 싶은 나의 결점과 단점들을 예리하게 파악해 백일하에 드러낸다.

그런 거울 앞에 매일 선다. 매무새를 고치고 다듬어 나의 부족한 부분을 수정하고 보완한다. 나 자신도 잘 알지 못하는 나를 건사하는 일이란 쉽지가 않다.

세수를 하고 난 맨 얼굴에 화장수로 듬뿍 수분을 공급한다. 메말라서 부산한 대지는 비가 내려 촉촉해지듯 솟구치는 화기는 소방수로 가라앉히듯 여차하면 파르르 들떠 오르는 내 안의 열기를 화장수로 애써 진정시킨다. 로션, 에센스, 영양크림으로 허기진 영양을 보충한다. 일상에 리얼하게 대처하는 표정연출의 토대를 기초화장품으로 탄탄히 마련코자 하는 것이다.

야무지게 마무리짓지도 못한 채 성급하게 마침표를 찍어버린 점들이 얼굴에 어지럽게 널려 있다. 설익은 지식과 섣부른 행동이 좌충우돌하며 여기저기 뾰루지를 돋게 했다. 흥분하여 달아오른 실핏줄과 무리수를 두어 늘어난 다크서클은 안색을 흐리게 한다. 부분을 제대로 보완하는 것이 전체 안정을 보장하는 일이다. 흩어져 있는 삶의 편린들을 일일이 찾아내 컨실러로 하나씩 커버해 나간다. 메이컵베이스로 피부색을 조절하고 파운데이션으로 피부톤을 균등하게 조율한다. 탄력과 윤기와 부드러움의 바탕 위에서 표정은 환하게 살아날 것이다.

눈썹의 모양에 따라 표정도 변한다. 강한 인상이 필요하면 눈썹 산을 살리고 눈썹꼬리를 내리면 순해진다. 그날의 일과에 따라 눈썹 모양이 달라지고 달라진 눈썹 모양으로 그날 일정을 소화한다. 눈썹을 그리는 일은 계획표를 세우는 일이다. 너무 튀지도 그렇다고 뒤처지고 싶지도 않은 내 삶의 방식에 따라 너무 각지지도 너무 밋밋하지도 않은 눈썹을 가지런히 그린다.

눈길이 마주치지 않으면 아무것도 보지 않은 것과 마찬가지리라. 그렇다고 자신에게서 일어나는 온갖 감정의 동요를 상대에게 다 들켜버릴 수도 없다. 늘 주시하고 주시받는 눈가에 섀도로 음영을 넣어 신뢰의 깊이를 더한다. 초점에 집중되는 부담스런 시선을 약간이나마 분산시킨다. 아이라인으로 눈매를 또렷이 하고 자꾸만 처지려는 속눈썹은 마스카라로 세워 올려 자신감을 다잡는다.

말은 나의 정체성을 드러내기에 나를 판단하는 근거가 된다. 내가 내뱉은 말들이 모여 나의 흔적이 된다. 그러기에 타인의 이목과 관심은 자연스레 나의 입으로 향한다. 진한 루주는 너무 강렬하여 내 말소리를 희미하게 할지도 모른다. 너무 연한 루주는 내 목소리 톤만을 강조하여 오해를 낳을지도 모른다. 전달하고 설득하는데 지나치지 않는 적절한 색으로 잘 믹스된 루주를 골라 바른다.

블러쉬로 전체를 교정 보완하는 일만 남았다. 강해 보이는 곳은 부드럽게 낮은 곳은 볼륨을 살린다. 각진 곳은 라인을 둥글리고 늘어진 곳은 시선을 커버한다. 바르고 그리고 털고 지우며 보다나은 나를 포토샵한다.

삶의 장면마다 내 모습은 변한다. 달라지는 내 모습 중 어느 것이 진정한 나인지 나조차 궁금하다. 아이가 배우는 한자 책에 일상이라는 상常자가 '떳떳할 상'이라는 뜻풀이가 달린 것을 보고 새삼스러웠다. 부끄럼 없이 떳떳하게 보내야 하는 날들, 그것이 일상日常이었던 것이다. 어색하고 엉성한 포즈나 초점 흐린 표정

등 떳떳치 못한 내 모습을 골라내 삭제한다. 언제 어디 내놓아도 손색이 없을 당당한 사진을 골라 일상에 내놓는다.

제2부

온탕이 그립다

열대야

열대야라는 말을 들었을 때 열熱에 뜨겁게 달군 대야를 생각했다. 무더위가 기승을 부려 대야를 벌겋게 달구는 화끈한 열기를 연상하기도 했다.

열로 들끓는 대야는 버거운 상대다. 몸을 납작 엎드려 대야의 열을 받아 식히려는 내 미련스런 행동을 열대야가 오히려 비웃는 듯하다.

바람은 어딘가에서 후텁지근한 기질대로 노닥거리고 있나 보다. 아니면 내 뚝심을 시험해보려 일부러 오지 않는 건지 도통 알 수가 없다. 종일 방바닥에서만 뒹구는 처지는 어딘가에서 어슬렁거리고 있을 바람을 기다리며 자꾸만 더위에 시나브로 지쳐

가고 있다.

참다못해 선풍기 버튼을 누른다. 멍하니 늘어져 있던 게으른 선풍기가 화들짝 놀라며 무슨 일인가 하고 날개를 파닥인다. 제 딴엔 슬그머니 날아보려 기를 쓰겠지만 마음만 그럴 뿐, 제 틀을 벗어나지 못하는 것은 내 신세나 다름없다. 마지못해 날갯짓을 하는 선풍기 바람은 억지로 웃는 웃음을 대하는 듯 그다지 달갑지 않다.

선풍기 바람은 기계에서 뽑아내는 인공의 힘 탓인지 후텁지근한 땀 냄새가 난다. 그러나 열린 창문을 타고 오는 미풍은 아기를 재우는 엄마의 숨결처럼 보드랍다. 칭찬을 듣고 코가 벌름거리는 아이의 신바람도 훈훈한 입김의 미풍이다. 을씨년스런 마음에 살포시 불어오는 사랑의 바람도 감미로운 미풍이지 싶다.

그런 바람을 생각하라고 선풍기에도 미풍이 있고 약풍, 강풍이 자연의 바람을 흉내낸다. 미풍은 간절함을 담은 비손 같다. 미약하지도, 그렇다고 무턱대고 강할 수도 없는 조심스러운 손결이 바람의 길에 있다. 그런가 하면 약풍은 어머니가 부쳐주던 부챗바람 같다.

강풍은 변화와 개혁의 바람이라면 어떨까. 후텁지근한 여름더위를 일시에 날려버릴 수 있는 것은 태풍이라고 한다. 강한 바람은 감당할 수 없는 혼란을 가져올지도 모른다. 그러기에 단단한 각오로 위험에 대비하고 혹시 모를 역풍에 주의를 기울여야 할 것이다.

오지 않는 임을 기다리듯 바람을 기다리다 선풍기에게 괜한 심통을 부린다. 미풍에서 강풍으로 강풍에서 약풍으로 마구 눌러대는 내 행동이 마뜩찮은지 선풍기는 숨찬 도리질을 한다. 디밀고 나오던 이마의 땀이 선풍기 바람이 성가신지 땀구멍으로 도로 숨어버린다. 스며든 땀 때문에 버텨보려던 오기가 소금기에 절여져 맥을 출 수가 없다. 더위에 갇힌 나를 풀어내기엔 선풍기 바람은 역부족이다.

이런 저럼 궁리를 하다가 밖으로 나간다. 바람 한 점 없는 호숫가 나무 아래에 자리를 잡고 누웠다. 나무를 올려다본 순간 미동도 하지 않는 그 많은 가지와 잎들이 나처럼 답답해 보인다. 나무가 더위를 먹어 의식을 잃은 게 아닌가. 여름은 가지 많은 나무에 바람 잘 날이 있는 시절인 것 같다.

그런데 미세하나마 나뭇잎의 떨림이 느껴졌다. 분명 불어오는 바람은 한줄기도 없는데 나무는 모처럼 찾아온 내가 안쓰러운가 보다. 가냘픈 바람은 어디에서 불어오는 게 아니다. 간절한 생각의 표정이 미풍으로 변한 것이라고 짐짓 생각한다. 간절한 생각을 담아 숨을 깊게 들이쉬면 나뭇잎과 내 몸속의 세포들이 서로 어울려 바람을 빚는 것이겠다.

먼 산만 바라보며 바람이 불어오기를 기다린다면 어느 세월에 바람을 맞이할 수 있을까. 바람은 내 안에 있고 내 안의 바람이 나뭇잎에 다가가는 것이라는 생각을 하면 나는 아주 희미하나마 한 가닥 바람이 된다.

바람은 더위에 묶인 내 등에 죽비소리라면 말이 될까. 타성에 젖어 있는 게으른 생각의 틀을 확 뒤엎으라고 타이른다. 기발한 창의력, 한발 앞서 달려가는 선지자가 되라고 하는 것 같다. 하지만 뜻을 알지 못하는 처지는 우매하다.

열대야는 여름 맛을 알리는 일종의 죽비겠다. 그래 꾸벅거리지만 말고 열심히 여름을 배우고 익히자고 혼잣말처럼 나에게 타이른다. 잠자리에서 뒤척거리며 열에 달아오른 대야의 물을 온몸으로 받아보는 맛을 즐겨보는 화끈한 재미도 혹 있을 것이다.

열대야가 있기에 여름이다. 그 여름을 차라리 즐기기로 한다.

세 아이

첫째는 이불 위에 엎드려 쉴 새 없이 휴대폰을 찍어댄다. 날마다 끊임없이 불거지고 터지는 작고 큰 생활주변의 일에 하나하나 의미를 다는 것 같다. 그걸 누군가와 문자메시지를 통하여 속속들이 주고받는다.

따지고 들면 별것도 아닌 싱거운 일상사에 지나지 않을 것 같다. 그러나 제 또래끼리 느끼고 생각하는 나날의 과제는 심각하고 무거운 듯 두 손으로 움켜쥔 휴대폰에 때로는 힘이 간다. 함부로 끼어들지 못할 어떤 의미심장한 기운마저 보인다.

첫째만의 일은 물론 아니다. 세상에서 일어나는 수많은 사연들은 크고 작은 사건과 그물코처럼 서로 얽힌다. 빌미를 제공하여 원망하는 소리를 듣거나 거슬리는 지나친 행동으로 말미암아 후회하는 일도 다반사다. 마음을 가다듬고 반성하는 사람들을 보면 본인도 미처 모르는 사이 사건에 휘말린 경우도 더러 없지는 않다.

신앙에 들어서는 인간의 마음은 선지자가 가르치는 말씀에 매달리겠다는 경건한 소망으로 고개를 숙인다. 인력으로는 감당하기 힘든 인간끼리의 불안과 고뇌는 전지전능한 신의 가르침에 따라 마음을 달래고 추스른다. 첫째도 그런 고뇌를 앓고 있는지 모른다. 그들 세대에게는 그들만이 갖는 여러 갈래의 고뇌와 아픔이란 마디가 있지 않겠는가.

아이는 휴대폰이 마치 자신을 구원해 줄 구세주라도 되는 양 섬긴다. 얼굴을 마주보며 차마 드러내놓고 말하지 못하는 숱한 쑥스러움과 머뭇거림을 휴대폰을 매개체로 해결하고자 하는 것 같다. 휴대폰으로 불꽃처럼 서로 쏘아대는 그들만의 변명과 설득, 키득거리는 화해의 제스처가 폭죽처럼 펑펑 터지는 느낌이 들기도 한다.

마음에 드는 응답을 기다리는 심정이 첫째의 손가락 움직임에 나타나는 듯 잠깐 머뭇거리다가 다시 재빨리 문자를 친다. 나는 관심을 두지 않는 척하면서 관심을 두고 있다. 서늘한 바람처럼 들려올 응답을 놓치지 않으려는 듯 첫째는 때로는 크레셴도cresc로 때로는 디크리셴도decresc로 손가락을 날쌔게 움직인다. 그럴 때마다 눈빛이 유난히 빛나는 것 같다가 다시 은근한 웃음을 띠기도 한다. 휴대폰도 숨이 차기는 마찬가지겠다. 나에게도 저런 시절이 있었나 하고 휴대폰이 드물던 젊은 시절을 되살려 본다.

그런 첫째를 한참 보다가 둘째에게로 눈이 간다. 손가락 하나로 리모컨을 조종하며 주파수마다 색다르게 터지는 텔레비전의 마력에 흠뻑 빠져 있다. 아이의 표정은 현란한 빛을 따라 빨주노초파남보로 변한다. 살며시 미소가 번지기도 하고 흐하하, 웃음을 터뜨리는가 싶더니 입맛을 다시고 머리를 연방 긁적인다. 눈이 커지는가 하면 거슴츠레한 빛을 띠기도 한다. 그런 뒤죽박죽이다. 그러다 한 점이 된 시선이 화살처럼 화면에 날아가 핑 찍힐 것 같다.

모든 주파수가 균등해지면 주파수가 없다는 것과 같은 의미라고 한다. 그러기에 텔레비전은 주파수를 달리해 가며 제각각의 낭만과 손짓으로 둘째의 마음을 사로잡는 것이리라. 흠모하는 우상에게 그러하듯 아이는 열렬한 반응을 보이며 환호와 박수로 마음껏 감탄하며 성원을 보낸다. 모든 색을 한데 섞으면 검은색이 되고 여러 가지 빛을 합치면 흰색이 된다는 말을 들었다. 텔레비전은 색을 섞거나 빛을 합치지 않고 따로 놀면서 어울리는 기능을 발휘하는 것 같다.

무리한 욕심이지만 나는 둘째에게 그런 기능과 어울리는 빛이 되라고 은근한 기대를 건다.

막내인 셋째는 또 어떤가. 키보드와 마우스로 안개 자욱한 파도를 헤쳐 가며 모니터에 뜨는 정보의 바다에서 지금 막 헤엄치고 있다. 어디까지 항해는 계속될지 모른다. 컴퓨터에 대한 아이의 신뢰도는 거의 절대적이다. 의문이나 호기심이 일 때면 마치 험한 세상의 방향타라도 찾을 셈인지 컴퓨터 앞에 의자를 당기고 줄곧 매달린다. 미처 질문을 끝내지도 않은 채 서둘러 엔터키를 탁 치며 떼를 쓰고 보채는 아이에게 컴퓨터는 그나마 인자한 선생님처럼 자상하고 친절한 해답을 안겨준다.

컴퓨터게임이 보상으로 걸리는 날이면 숙제든 심부름이든 숨가쁘게 해치우고 컴퓨터를 독차지한다. 컴퓨터에 앉을 때 셋째는 수도하는 수도승처럼 주변에는 일체 관심이 없는 완전 몰두한다. 말 그대로 무상무념이다. 누가 어떤 언어와 유혹으로 셋째의 영혼을 저토록 붙잡아 둘 수 있을까. 차려놓은 밥상도 이야기도 뒷전이다. 오로지 컴퓨터로 향해 있는 시선은 진지함마저 보인다. 우리 집에서 절대적인 컴퓨터 신봉자를 대라면 나는 서슴없이 막내의 이름을 댄다.

인간을 꼼꼼하게 지켜주지 못하는 불안감 때문에 어머니는 이 세상에 왔다. 그렇듯이 신은 세상사 수많은 숙제 앞에서 허둥대는 인간이 안쓰러워 컴퓨터라는 문명의 기기를 보내신 것이라는 생각이 든다.

공학은 수학으로 통하고 수학은 철학으로, 철학은 궁극에 종교로 귀착된다고 한다. 인간 삶의 편의를 도모하기 위해 발전하는 과학문명이 인간의 영혼까지 좌지우지하는 일종의 종교로 귀착되는 느낌이 들어 때로는 마음을 쓰게 한다.

아이들은 지금 그 변두리에서 덧없이 헤매는 유랑족流浪族이다. 유랑의 꿈을 깨고 나오면 저마다의 미래인 길이 트일 것이다. 그 길이 은근히 궁금하여 아이들 하나하나를 유심히 보고 있다.

온탕이 그립다

밖은 엄동설한 한파가 몰아치는데 목욕탕 냉탕 안에는 계절을 잊어버린 아이들이 물장구를 치며 놀고 있다.

건너편 열탕에는 온도계가 43도를 가리키고 주로 노인들이 몸을 푹 담그고 있다. 냉탕은 아이 탕, 열탕은 어른 탕이라는 팻말이 붙은 것도 아닌데 냉탕에 뛰어드는 노인도 없고 열탕에 들어앉는 아이도 없다. 그러고 보니 부지런히 냉 · 열탕을 오가는 사람들은 대부분 중 · 장년층이다. 나는 냉탕에서는 열탕을, 열탕에서는 냉탕을 바라보며 물 온도에 따른 세대 차를 감상하고 있다.

세월이라는 도둑에게 온기를 빼앗긴 노인들은 거칠어진 피부 때문인지 대부분 무표정하니 삭막해 보인다. 표정을 잃어버린 그들은 시린 등을 보이며 점점 소외되어 간다. 어느 날 문득 거울을 보고는 마음속 나와 보여지는 내가 다른 것을 알고는 도둑에게 빼앗겨버린 온기를 되찾아보려 뜨거운 탕 속에서 저토록 땀을 흘리고 있는 것이리라.

반면 아이들은 탄생의 환희가 채 가시지 않아 주체할 수 없는 열기를 식히느라 찬물을 끼얹고 있다.

문득 물과 불 중 어느 것이 힘이 더 센지 궁금해진다. 불같이 화를 내는 사람과 얼음같이 차가운 사람 중 누가 더 우리를 주눅들게 할까. 활활 타오르는 불 위에 물을 끼얹으면 불은 힘없이 픽하고 꺼져버린다. 불 위에 물을 얹고 끓이면 물은 팔팔 달아올라 불은 마음만 먹으면 물을 좌우지할 수 있다. 승부내기를 한다면 둘은 아마도 영원한 무승부가 될 것이다.

오빠는 활달하고 적극적인 반면 감정적인 성격이다. 남의 일에도 앞장서 해결해주기를 즐기고 불의를 보면 비분강개한다. 불같이 화를 내기도 하고 마음이 여려 울기도 잘한다. 언제나 뜨끈뜨끈한 열기를 뿜어내는 오빠 주변에는 마음이 추운 사람들이 열기를 쬐고 싶어 북적거린다.

반면 남편은 조용하고 소극적이며 이성적이다. 감정을 드러내어 상대를 불편하게 하는 일이 없고 태풍이나 폭풍우가 불지 않는 한 언제나 잔잔하다. 세상사에 관심은 있으되 적극적으로 참여하거나 흥분하지 않는다. 스포츠를 좋아하지만 참가자가 아닌 관람자 입장에서다. 파르르 달아오르던 내 감정은 물 같은 남편으로 인해 사그라든다.

서로 다른 두 남자는 살고 있는 서울과 부산의 지역만큼 틈새가 있다. 불은 물의 활기 없음을 답답해하고 물은 불의 여유 없음에 질려한다. 대기층은 지구가 너무 뜨거워지거나 차가워지는 것을 막는 역할을 한다고 한다. 둘 사이를 잘 아우르는 대기층이 되고 싶은 내 기대와는 달리 둘 사이의 틈은 좁혀들기 요원하다. 어느 쪽으로도 기울지 못하고 애가 타는 나는 속절없이 흐르는 세월을 붙잡고 싶다.

불을 태우면 연기가 나오고 물을 끓이면 김이 나온다. 떨어져 살아온 쌍둥이처럼 서로 다른 숙명으로 살아가지만 둘은 본래 동질의 정체성을 갖고 있는 건 아닐까. 물과 불이 만나면 만날수록 진하고 구수한 곰탕 맛을 낼 수 있다. 물은 불이 북돋아준 용기로 응어리를 풀어내고 불은 물이 주는 여유로움에 달아오르던 감정을 추스를 수 있으리라.

냉혹함이 있기에 따뜻함이 돋보이고 불같은 분노가 있으므로 해서 차가운 의지가 생긴다고 한다. 불과 물이 섞여 뜨겁지도 차지도 않은 온탕이 된다면 다름에서 오는 갈등을 훼훼 풀어 놓을 수 있을 텐데…….

온탕이 자꾸 그리워지는 날이다.

투수와 타자

야구경기는 투수와 타자의 미묘한 심리전을 보는 맛에 더욱 끌린다. 상대를 주시하는 예리한 눈빛, 미세한 몸의 움직임 하나하나마저 놓치지 않는 투수와 타자. 상대의 의중을 파악하느라 매섭고 날카롭다. 서로의 약점과 허점을 찾아 노리는 날카로운 눈빛은 창과 방패의 숙명과 같다. 한 치의 양보도 있을 수 없는 치열한 공방전이다. 그 속에 상대를 요리하려는 온갖 지혜 또한 끼어든다. 자칫 방심하여 시선이 흔들리기라도 한다면 영락없이 아뿔싸, 상대의 희생양이 된다.

숨차다. 그러나 숨차다는 낌새를 드러내지 않는 절체절명의 긴장감을 응원하느라 관중석의 함성이 연달아 터진다. 그라운드의 분위기가 팽팽하게 맞서는 가운데 경기는 진행된다.

투수의 공은 괴력을 발휘하며 타자의 심장을 날카롭게 찌른다. 심장을 보호하는 일은 본능적 생존전략이기에 날아오는 공을 향해 거침없이 방망이를 휘두른다. 딱-, 방망이 한번의 휘두르기로 그라운드는 환성과 탄성으로 뒤엉킨다. 수세에서 공세로 공세에서 수세로 반전에 반전, 달리고 치솟는 발걸음에 먼지가 풀풀 튄다.

일상에서 주고받는 말로 인해 인간관계에 묘한 긴장이 스며들 때가 있다. 아무 생각 없이 툭 내뱉은 말에 당혹한 상대가 잽싸게 되받아치며 뜻밖의 긴장이 오간다. 격에 벗어난 말임을 깨달은 머리를 한 방 오지게 얻어맞는다. 생각 없이 한 말인데 그걸 듣는 상대는 가슴에 담아 두었다가 반격의 빌미로 삼는다. 공격적으로 대드는 상대의 말에 일일이 대응하다 보면 삼진아웃의 황당한 수모를 당할 수도 있다.

낮은 톤의 점잖은 말은 냉큼 되받아치기보다 차분히 귀담아 들어볼 일이다. 필요 이상 높은 톤의 말은 시비에 휘말릴 수 있으니 경계할 일이다. 온몸의 힘을 손끝으로 모아 공 끝을 살려야만 상대 타자를 압도할 수 있듯이 말도 마음을 모은 진중한 말이라야 모두가 긍정할 수 있는 힘을 가질 것이다. 세상은 주고받는 말잔치로 늘 시끌벅적 떠들썩하다.

힘만으로는 도저히 상대를 제압할 수 없을 때가 있다. 휙휙

방망이를 휘두르며 벼르고 드는 상대를 대하는 일은 여간 진땀 나는 일이 아니다. 그럴 땐 요리조리 변화구를 구사해 상대의 헛손질을 유도한다. 더러 선의의 거짓말로 위기에서 탈출하고 기회를 탐색하기도 한다. 요리조리 말 바꾸기로 변화구를 던질 때는 주의 깊게 상대의 의도를 파악하는 일이 중요하다.

언어소통에는 옳은 말을 가려 듣는 지혜와 참고 기다릴 줄 아는 인내 또한 필요하다. 냉혹한 승부의 세계에서는 상황에 맞는 대처방법과 기회를 포착해 성과를 거두는 판단력 등 고도의 심리전에서 이기는 자가 곧 게임의 승자가 되는 것이다.

섣부른 행동에는 실수가 따르게 마련이다. 타자는 뭔가 이루겠다는 성급한 마음에 끊임없는 도전을 감행하지만 상황은 무모한 도전을 순순히 허락할 리 없다. 수많은 견제구에 시달리고 넘어지고 엎어지며 온갖 수난을 겪는다. 찾아온 기회를 놓치지 않으려면 섣부른 행동을 경계할 일이다. 급한 마음에 베이스를 밟지 않거나 자기 능력만 믿고 앞사람을 추월하다가는 모처럼의 기회는 물거품이 된다. 순리에 순응하며 성실한 과정이행의 행동을 보일 때 승리는 머지않아 자기 몫이다.

아직 본격적인 무대에 오르지 못한 후보 선수들은 운동장 변두리에서 부지런히 연습을 하고 있다. 언제 올지 모를 막연한 기회를 위해 쏟고 있는 그들의 땀이 햇빛을 받아 반질반질하다. 어떤 점에 도달하기 위해 오를 때에는 운동에너지가 위치에너지로 전환된다고 한다. 저들이 흘리는 저 땀은 언젠가 높은 곳에 우뚝 올라서는 찬란한 빛이 될 것이다.

감독은 타자에게 번트를 주문한다. 마음껏 방망이를 휘두르고 싶은 욕망을 자제시키고 작은 것에 포인트를 줌으로써 의외의 신나는 효과를 차지하게 된다. 과욕은 금물이다. 너무 높이 쳐올린 공은 잡히고 만다. 정확한 판단에 의한 대응 능력에 따라 감격적 승리를 만끽할 것이다.

야구경기를 보는 것은 인간심리를 보는 것이다.

신발장을 정리하며

모처럼 신발장을 정리하기로 했다. 칸마다 자리를 차지하고 있는 신발들은 각기 다른 세대들의 삶을 보는 것처럼 낯설기도 하다.

맨 위 칸엔 나들이가 드문 신발이 엉거주춤하게 팔짱을 끼고 있다. 유행에 뒤떨어졌거나 신발 임자의 입맛에 맞지 않아 소박을 맞은 신발이 대부분이다. 그런 신발이 보기에 안쓰러워 나는 먼지를 탈탈 털고 모처럼 화장을 해준다. 그러면 신발은 금방 반가운 화색을 나타낸다.

다른 신발이 나들이를 할 때마다 따라 나서고 싶었을 것이다. 세상을 체념하고 지내기에도 왠지 성미가 차지 않았을 것이다.

아직 혈기왕성하게 나설 수 있었다고 신발은 불평불만을 하는 듯하다.

중간 칸은 나들이가 잦은 신발이 차지하는 자리다. 신발 편으로 치자면 로열층이다. 대부분 손질이 잘되어 반질반질한 윤기가 돈다. 신발 임자의 손이 자주 가는 편이라 신발들도 자연 신명이 돌 것 같다.

점잖게 폼을 잡은 검정구두 곁에 목을 길게 뽑은 뾰족구두가 자못 당당해 보인다. 빼기는 품새이지만 그렇게 얄밉지는 않다. 그 반면 검정구두는 단정한 모양새라고 할까.

새로운 멋과 맛을 뽐내는 신발이 나날이 눈길을 끌어당긴다. 신발의 세대교체 또한 의외로 빠른 셈이다. 그것을 유행이라고 하겠지만 광고에 나오는 신발만 보아도 눈이 부실 지경이다. 그런 점 신발을 신고 다니는 사람도 그 유행을 따라가느라 또각또각 길바닥을 밟는 하이 힐 소리가 숨차다.

그 아래 칸은 편하게 신고 다닐 수 있는 운동화가 나란하다. 운동화는 어느 길이든 거침없이 다닐 수 있는 전천후 신발이라고 이름을 짓는다. 비 오는 날이면 주로 운동화를 발에 꿰고 나선다. 그런 나를 운동화는 투덜대겠지만 대신 자주 물에 빨아주니 다른 신발보다 더 시원해 할 것이다.

아이들 신발에는 마구 뛰어다닌 흔적이 요란하다. 자갈밭 풀밭을 가릴 것 없이 마음껏 뛰어다니니까 신발인들 고단하지 않을 수 없다. 운동장의 먼지를 가득 묻히고도 당당하게 현관에 들어선다. 매캐한 흙내와 큼큼한 땀내가 코를 찌른다. 아이들이 건강하게 자라는 흔적을 신발이 말해주니 그 냄새가 차라리 반갑다.

아이들의 발이 커질 때 신발도 덩달아 커진다. 신발에 발을 맞추는 것이 아니라 발에 신발을 맞추어야 하니 아이들을 위해서는 자주 새 신발을 사게 된다. 앙증맞던 신발이 어느 날 큰 신발을 찾는 것을 보면서 흐뭇해진다. 어느새 어른 신발인지 아이들 신발인지 구별하기 힘든 신발이 자리를 차지한다. 가계지출 또한 신발 크기처럼 늘어난다.

현관 바닥에 붙은 칸은 허드레 신발 같은 것이 구겨진 그대로 여기 저기 보인다. 궂은 날씨에 혹 신고 나갈 수 있을 것이라고 미련을 버리지 못한 내 마음이 보인다. 언제 쓰레기가 될지 모르는 신발의 운명을 그나마 지켜주고 있다는 가냘픈 생각이 든다.

오랜 세월 나와 함께 쏘다닌 흔적이 있는 운동화는 바닥이 다 닳은 채 구겨져 있다. 그 운동화를 신고 부지런히 쏘다닌 세월도 있다. 구석진 자리에서 신발은 그 세월을 하나하나 되돌리고 있을 것이다. 발이 편하여 애착이 가던 운동화였다, 그런데 바닥이 닳았다고 지나치게 푸대접을 하지 않았나.

일에 지쳐 지문이 다 닳아버린 거친 손처럼 운동화도 퍽 고달프게 지나온 세월을 반추하고 있었을 것이다. 그렇게 생각하니 운동화에 미안하다.

내 발을 가장 잘 감싸주던 운동화. 그러나 더 이상 쓸모가 없어진 운동화를 그냥 보관만 할 수 없다. 가령 유명인사의 발을 감싸던 운동화라면 유물관에라도 가서 안락한 여생을 보낼 수 있을 것이다. 아쉽다. 위 칸에는 새로 산 운동화가 낡은 운동화를 밀어내듯이 떡 버티고 있다.

낡은 운동화처럼 푹 퍼더앉아 수다가 한창인 슬리퍼가 눈에 들어온다, 수다쟁이 슬리퍼를 딸딸 끌고 다니며 나도 이웃들과 어지간히 슬리퍼를 닮았었다.

그런데 그 슬리퍼가 유달리 점잔을 뺀다. 슬리퍼도 조금은 체통을 지켜보겠다고 하는 것 같다. 맨발로 신고 다닌 나를 나무라는 눈치가 보여 슬리퍼에 미안해한다. 그러면 슬리퍼 바닥에서 달달거리며 반응을 보이는 소리가 들리는 것 같다.

그 옆의 장화도 할 말은 해야 한다고 편드는 분위기다. 궂은 진흙바닥을 쏘다니다가 돌아오면 구석자리에 처박아 놓고 모른 척한다는 볼멘 불만이 가득해 보인다. 장화를 꺼내어 깨끗이 닦아준다. 그러면 조금 성질이 가라앉은 듯하다. 장화가 투덜대며 시위를 하는 동안에도 지나치게 무심했다.

신발장을 정리하는 날은 신발의 불만을 들어주는 날이다. 위 칸에 있던 신발을 아래 칸으로 옮겨보고도 싶다. 그러나 사람에게 위아래가 있듯 신발에도 위아래는 분명해야겠다. 그 위아래를 사람의 키에 견주고 쓰임새에 맞추려 한다. 어른은 키가 크니까 위쪽으로 몰아넣고 아이들 것은 아래쪽으로 넣게 된다.

그동안 돌보지 않던 칸마다에 앉은 먼지를 훔쳐내는 손질도 놓칠 수 없다.

두 번, 세 번 걸레를 빨아 신발이 들어앉을 자리를 환하게 밝힌다.

어느새 등줄기가 흥건하다. 마음이 맑아진다.

꽃의 말

길가에 심은 색색의 꽃을 보면 우선 아름답기는 하다. 하지만 마음이 쓰인다. 경쟁하듯 마구 달리는 자동차의 소음에 깜짝깜짝 놀라며 꽃은 품었던 꽃잎을 떨어뜨린다. 우중충한 도시는 길가에 핀 꽃을 보면서 위안을 받기는 한다. 하지만 자동차의 뒤꽁무니에서 뿜어대는 매연과 열기에 꽃은 시나브로 제 빛깔을 잃고 있다.

"꽃을 볼 때 건성으로 스쳐 지나가지 말고 차분한 마음으로 꽃술 하나하나와 오묘한 빛깔과 모양을 살피고 그 향기에 귀를 기울여라. 꽃향기는 코가 아니라 귀로 들을 수 있어야 한다."고 한 법정스님의 말씀이 떠올라 나도 귀를 열어 꽃향기를 들어보기로 했다.

그런데 뜻밖에 꽃에선 향기가 아닌 괴로워하는 소리가 들리는 것 같다. 사람들은 온갖 그럴싸한 수식어로 화려한 꽃말을 지어 부르며 추켜세웠다. 꽃은 그 달콤한 수식어에 은근히 즐거워하며 그 말을 그대로 믿고 우쭐했을 것이다. 그런데 꽃말은 꽃을 옭아매는 수단이었다는 것을 깨닫는다. 꽃은 그 순간 긴 한숨을 내쉬고 있는 것이다.

꽃이라는 말을 사전은 '누구나 되고 싶어 하는 인기 있는 것'이라고 되어 있다. 많은 이의 관심과 사랑을 받으며 인기를 누릴 수 있다면 즐거운 일일 것이다. 하지만 거리에 질서정연하게 늘어서 연출되는 꼭두각시 꽃들은 그렇게 마냥 좋아할 일만은 아니라고 도리질을 한다. 인기를 얻는 대신 감수해야만 하는 아픈 일들이 너무나 많다. 무턱대고 코를 벌름거리며 달려드는 사람들의 무례함도 참아야 한다. 자신을 낱낱이 드러내 보이며 억지 춘향으로 오가는 이에게 웃음을 보여야하는 처지가 참기 힘든 모욕으로 느껴지기도 한다며 절레절레 잎사귀를 흔들고 있지 않은가.

어쩌다 꽃은 인기를 좇아 헤매다가 그 인기로 인해 단단히 덜미가 잡혀있는 꼴이다. 사람들은 차마 속을 보이는 일이라 나서기 거북한 일이 생길 때나 뭔가 잘못한 일을 적당히 얼버무리고 싶을 때 또는 쑥스럽기만 한 사랑을 고백할 때도 자신이 나서는 대신 꽃을 앞세운다.

좋은 일이든 궂은일이든 일단 꽃을 앞장 세워 체면을 유지하려 한다. 껄끄러운 문제를 해결하려 한다. 사람들의 속마음은 아마 그가 피울 수 없는 향기를 꽃의 향기로 대신해 상대를 감동시키고 매료시켜 그가 원하는 것을 얻어내려고 한다.

몸을 잔뜩 사리고 꽃에게 매달리는 낯 뜨거운 사람의 처지를 꽃이 더 안쓰러워하는지도 모른다. 꽃이 붉은 것은 그 표정이 꽃잎에 나타나는 것이라는 생각을 하면 꽃을 대하기가 민망스럽다. 꽃이 아름답고 향기롭다고 함부로 말하지 말자. 그렇게 말하는 마음의 이면에는 어떻게든 꽃을 이용하려는 잔꾀가 숨어 있지 않겠는가.

매연을 잔뜩 뒤집어쓴 채 웅크리고 앉은 길가의 꽃은 무슨 생각에 잠겨 있을까. 아마 떠나오기 전에 같이 놀던 뒷동산의 나무와 새와 산들바람을 그리워하고 있을 것이다. 불어오는 바람에 몸을 살짝 숨기면 나무는 긴가지를 흔들며 이리저리 찾아 헤매고 날아가던 새들이 눈짓해주면 그제야 풀숲에 숨어 있는 꽃을 찾아내 깔깔거리며 숨바꼭질을 하던 추억을 되살리고 있을 것 같다. 그리운 그곳으로 돌아가고 싶어 할 것이다. 몸에 후텁지근한 흙먼지를 뒤집어쓴 꽃에게 미안하다는 말을 마음속으로 한다.

공식 외우기

덧셈과 뺄셈 문제가 수두룩한 학습지를 붙들고 아이는 덧셈 뺄셈처럼 잔뜩 웅크러져 있다. 셈은 일정한 분량을 반복해야만 학습효과가 나타난다고 학습지는 아이를 다그친다.

미처 다해내지 못한 채 쌓여 있는 아이의 학습지 한 권을 들고는 슬그머니 돌아앉아 안쓰러운 마음을 달랜다. 아직 풀지 못한 덧셈문제가 빽빽하다. 그게 욕심 없는 아이 성향이기라도 한 듯 생짜로 남은 덧셈이 나에게 넌지시 말을 걸어온다. 일단 닥치는 대로 더하기를 해보라고 타이르고 싶다. 그렇게 반복연습을 하는 사이 어느새 셈에 도가 트여 세상일 처리에도 끌어 모으기를 아는 밝은 덧셈인물이 되지 않을까 은근히 기대를 가져본다.

세상살이란 어떤 점에서 덧셈의 연속이다. 결혼으로 동반자를 더하고 가정이라는 테두리 안에 아이들이 나면서 식구가 늘어난다. 집 평수를 더하기 위해 동동거리고 이웃을 더하고 친구도 더해간다. 더하기로 점점 세상살이 몸집이 불어나면서 마음 쓸 일도 많아진다. 등산길 가의 돌탑 또한 지나가는 사람의 돌쌓기 공덕으로 나날이 높아진다. 세상을 사는 저마다의 탑이란 것도 간절한 정성이 쌓이고 쌓여 훌륭한 업적을 기리는 결과물이 된다.

그러나 덮어놓고 더하기만 하는 삶에는 나도 모르는 사이 탈이 나기 시작했다. 드물고 귀할 때는 감사하고 고맙던 마음이었다. 하지만 간사한 사람의 마음은 좀 흔하다 생각되니 당연한 일처럼 여겨지게 됐다. 감사할 줄 모르게 된 마음구석에서 뜻밖에 불평불만이 곰팡이처럼 괴어올랐다. 부글부글 괴어오르다간 넘치게 되니 낭패가 아닐 수 없다. 끓어올라 넘치려 할 땐 재빨리 찬물을 부어 진정시키듯, 더하려는 욕심이 도를 넘칠 땐 뺄셈과 같은 찬물을 끼얹어야만 했다. 뺄셈으로 거품이 가라앉게 되니 마음은 평상심을 되찾아 그제야 쫄깃쫄깃하고 맛난 삶의 참맛을 느껴 알 수가 있었다.

더하고 빼고 곱하고 나누기 등 세상살이는 거미줄 같은 문제풀이의 연속으로 얽힌다. 그걸 제대로 풀기 위해서는 알맞은 공식을 머리 속에 입력시켜 두었다가 그때그때 알맞게 대입시키는 지혜를 가져야 할 것 같다. 주먹구구식 끼워 맞추기로는 번번이 오답이 나올 수밖에 없다. 귀찮고 번거롭더라도 평소에 공식을 외워두어 필요할 때마다 써먹어보는 것이 삶의 바른 길을 도출해 내는 지름길이지 싶다.

미운 놈에게 떡 하나 더 준다는 공식이 머리에 떠오른다. 고운 자식은 매 한 대 더 때려 넘치는 사랑을 절제해야 하고 미운 자식에겐 떡 하나 더 주어 어깃장부리는 마음을 달래주어야 한다. 귀는 크게 열고 입은 작게 열라는 경고문 같은 공식을 깨우쳐야겠다. 내 돈 서 푼은 알고 남의 돈 칠 푼은 모르는 마음에도 개밥의 도토리란 말을 끼워 넣어 볼 일이겠다. 속담은 삶의 지혜 아니던가.

밤늦게 오는 아이를 기다리며 횡단보도 앞에 서 있었다. 보행 신호가 켜졌음에도 쌍심지를 켜고 달리는 차들의 질주에 건너편에 있는 딸아이와 나의 만남은 쉽지 않았다. 공식을 외워 적용한다는 것은 세상에 도사린 위험에서 벗어나 순조로운 만남을 기약하라는 뜻이기도 하다.

반복된 연습 때문인지 아니면 제대로 된 공식을 대입시켰는지 아이는 빠른 속도로 문제를 풀어 나간다. 어깨너머로 아이가 써 놓은 답을 보면서 편법과 술수로 빚어진 답이 아닌 공식에 대입한 정직한 답이기를 바라는 마음이 간절하다.

커플링Ring

수줍게 내민 하얀 망사 장갑 위로 반지가 끼워졌다. 반지는 호기심에 찬 아이 눈처럼 반짝거린다. 끼이지도 헐겁지도 않은 꼭 맞는 사이즈다. 이 반지처럼 삶도 아귀가 잘 맞아갔으면 하는 마음이 간절해진다.

외형의 틀을 갖춰 대외적 사명을 다하는 손등, 잡고 닦고 문지르며 삶을 조합해가는 손바닥. 둘 사이를 아울러야 하는 반지는 둥근 모양일 수밖에 없으리라. 할 일 많아 바쁜 손이니 손가락 또한 부대낄 일이 좀 많겠는가. 결혼반지를 끼는 것은 상대와 맞닥뜨려 부대끼고 씨름해야 하는 삶의 링rjng에 오르는 일이다.

종이 울리고 박수와 함성에 취해 경황없이 오른 삶의 링이다.

관중과 심판이 지켜보는 가운데 둘은 득점을 위해 갖가지 삶의 제스처를 취한다. 별다른 전략 없이 올라선 링이지만 게임 종료 전까진 내려갈 수 없는 돌이킬 수 없는 길이다.

반지라는 뜻은 한 짝으로만 된 가락지라는 뜻이다. 상대에게 있는 나머지 한 짝이 합쳐져 쌍가락지가 되어야만 비로소 온전한 한 쌍이 된다. 반지름이 지름이 되기 위해서는 확실한 중심이 필요하다. 결혼생활은 정확하고 올바른 생활의 잣대로 원을 완성시켜 나가는 과정이지 싶다. 링 안의 두 선수는 툭툭 잽을 뻗어 탐색전을 벌인다. 상황을 유리하게 이끌기 위해선 항상 상대의 행동을 견제하고 시험할 수밖에 없다. 부족한 반을 채우려고 둘은 사력을 다해 실랑이를 벌인다.

세상살이에 부대끼다보니 반지 여기저기 흠집이 나고 윤기를 잃어간다. 고의적 과실이나 반칙 등 일방적 공격에는 의지를 상실한다. 링 주위에서 관망하는 세컨드는 자기편 선수가 곤란한 지경에 이르지 않도록 채찍을 가한다. 실수나 반칙으로 경고가 누적되어 더 이상 경기를 진행시키기 힘들다고 판단될 때 심판은 게임아웃을 선언할 수도 있다.

체력안배에 실패하면 시합을 계속할 수가 없다. 몸집이 불어나면 반지가 옥죄어든다. 줄어든 체중으로 반지는 달아나버린다. 넘치지도 모자라지도 않은 표준체중은 시합을 유지하는 필요조건이며 결혼반지를 간직할 수 있는 충분조건이 될 것이다.

때로는 링 속에 갇혀버린 신세가 답답하다. 박차고 나가 신선한 공기를 마시고 싶다. 좀처럼 나아지지 않는 현실이 뒷덜미를 후리고 더 나은 상황을 만들지 못한 자책감이 옆구리를 쥐어박는다. 삶의 무게에 눌려져 두 팔은 자꾸 아래로 처진다.

하지만 현관문이 열릴 때 사라졌던 내 안의 내가 어김없이 나타난다. 그 문 틈새로 함께 온 실바람에 얼른 심호흡을 한다. 답답하던 체증이 뻥 뚫린다. 다시 팔을 걷어붙이고 전열을 가다듬는다. 선수가 계속해서 경기 의사를 보이는 것은 가능성을 품고 있다는 뜻이다. 승리는 완주의 결승점에 있다. 끝까지 가야 끝을 볼 수 있다. 나는 기꺼이 삶에 아귀를 맞춘다.

수많은 선남선녀들이 꽃피는 소리를 따라 링에 오르고 있다. 봄날이다.

옷을 입다 단추를 잠글까 말까 망설인다. 잠그면 너무 답답해 보이고 열어두면 옷자락이 바람에 날려 신경이 쓰인다. 다변화 시대를 살고 있는 우리 마음은 한곳에 뿌리를 내리지 못하고 바람 불 때마다 이리저리 나부낀다. 개성대로 멋대로 분출하고 싶은 잠재된 욕구는 일상사에서도 소소한 갈등을 일으킨다. 격식을 갖추는 자리에서 지퍼나 단추를 채운 단정한 옷차림을 하는 것은 상대를 대할 때 자신의 감정을 다 드러내지 말고 잘 단속하라는 의미도 있을 것이다. 생각의 차이만큼 자꾸만 벌어져가는 틈새를 메울 해결책을 찾아 두리번거린다.

틈새를 메우는 것으로 단추와 지퍼가 있다. 요즘은 편리함을 앞세우는 지퍼가 인기다. 처음부터 단합된 힘을 과시하며 동시에 첫발을 내딛는 지퍼는 그 응집된 힘으로 단숨에 결승선에 도달한다. 한 손은 단단히 버팀목이 되어주고 나머지 손은 일사천리로 일을 진행시킨다. 마음이 모아지니 모든 것이 순조롭다. 하지만 힘에 의해 강압적으로 일을 진행시키다간 상황은 돌이킬 수 없이 악화돼버린다. 한번 삐끗하면 더 이상 손써 볼 도리가 없다. 편리한 만큼 더 큰 위험부담을 안고 있는 것이다.

잠기지 않은 단추는 끊임없이 흔들린다. 흔들리는 상황에서는 제 모양을 갖추기 힘들다. 멍하니 주저앉아 있는 단춧구멍도 마찬가지다. 둘이 힘을 합친다면 근사한 모습을 연출할 수 있을 텐데.

단추를 잠그는 일은 번거롭고 수고로운 과정을 겪는다. 지퍼처럼 단 한번의 노력으로 문제가 해결되지 않는다. 단추와 단춧구멍의 눈높이를 나란히 맞추고 크기와 모양새도 조율해야 한다. 등 돌리고 떨어져나간 단추를 찾아내 제자리를 지키게 달래야 하고 나태해져 헐거워진 단춧구멍을 구슬려 알맞은 사이즈로 조절해야 한다. 한 손은 단추를, 다른 손은 단춧구멍을 잡고 단추를 끼운다. 방향이 바뀌거나 순차적으로 일을 진행시키지 않으면 형태는 형편없이 틀어져버린다. 오른손과 왼손이 적절하게 움직이며 순리에 맞게 상황을 이끌어간다.

두 발로 땀 흘리며 열심히 페달을 밟아온 삶은 비로소 그 성실함을 인정받고 있다. 더디고 약해보여도 위기 앞에서 한층 더 강해지는 저력을 가졌다. 차근차근하게 다져온 관계에는 바람이 불어도 흔들리지 않는 단정하고 엄숙한 힘이 실려 있다.

고장 난 지퍼를 뜯어내고 단추를 단다. 토라졌던 둘 사이를 새롭게 리폼한다.

글쓰기 공부방

여기는 글쓰기 공부방이에요

별이 환한 겨울 교실에 모두들 옹기종기 모여 앉았어요. 각자가 지니고 있는 특별한 감각으로 멋진 글 한 편을 쓰기 위해 다들 골몰하고 있네요. 유난히 밀착하고 있는 모습이 아마 잘 결합된 형태가 되어야만 조화로운 글쓰기가 된다는 걸 알고 있기 때문이겠죠.

제일 앞줄 목目이는 무슨 생각에 잠겼는지 멍하니 있다 살살 눈웃음을 치는가 하더니 어느새 이슬방울이 눈망울에 맺히기도 하네요. 그런 목目이의 다양한 감상이 분위기가 느껴지는 글쓰기에 적잖은 도움을 주고 있어요.

뒤에 앉은 개구쟁이 비鼻녀석, 녀석은 공기의 흐름만으로도 분위기를 파악하는 재주가 있어요. 그 재주는 사물의 숨결을 느끼고 이해하는 데 도움을 주죠. 들이맡고 내쉬는 관조의 호흡이 절묘하게 타이밍을 맞추기 때문에 글의 분위기는 비 녀석이 좌우한다 해도 과언이 아니에요.

어휴 말괄량이 구口 좀 보세요. 뭐든 직접 맛을 봐야 직성이 풀리는 성격이라 이것저것 입맛을 다시느라 여간 분주하지 않아요. 맵고 짜고 시고 떫은맛에 금방금방 반응을 하는 호들갑으로 인해 구설수에 오를 때가 많아요. 좀 더 진중하게 음미하는 시간을 갖는다면 멋진 노랫말로 세상을 즐겁게 할 때도 머지않았을 텐데.

이耳 군은 쌍둥이인데도 개성이 달라요. 한 녀석은 창가 쪽 한 녀석은 복도 쪽에 뚝 떨어져 앉아 있는 것만 봐도 알 수 있죠. 창가 쪽 녀석은 시끌벅적한 세상이야기를 즐겨 들으며 생활 속 체험의 글쓰기를 하려고 해요. 복도 쪽 녀석은 내면에서 들려오는 깊은 울림의 글을 쓰고 싶어 하죠. 서로 다른 성향의 두 녀석이 균형을 이룬다면 아마 좋은 글의 밑천이 될 거예요.

제일 문제는 공부방의 짱 심心이에요. 녀석에 따라 전체 분위기가 좌지우지되거든요. 녀석만 잘 다루어도 만사는 형통이에요. 녀석은 군데군데 크고 작은 상처가 있어요. 그래서 살짝 대이기만 해도 심하게 반항을 해요. 곪아 흉터가 되기 전에 교양서

적의 도움을 받아가며 꾸준하게 상담한 결과 더디기는 하지만 조금씩 나아지고 있어요. 심心이만 제 역할을 제대로 해준다면 글쓰기 공부방은 언제나 즐거움이 넘칠 거예요.

분노에 대하여

정의감에 불타는 일을 하려다가 벽에 부딪혔을 때 생기는 중후한 감정을 일컬어 분노라고 하면 어떨까. 나라를 구하려던 애국지사들의 울분이나 사회의 비리에 맞서는 이의 소신 있는 자기표현 같은 것을 그렇게 말할 수도 있을 것 같다.

식구들의 시중으로 찌든 감정은 가소로울 만치 지극히 개인적이다. 그걸 분노라고 하기에도 실은 남세스럽다. 분노는 대개 마음의 여유가 없을 때나 기분과는 다른 일이 벌어지고 있을 때, 또 코앞에 닥친 일이 힘에 부칠 때 느닷없이 터진다. 질겅질겅 씹고 있던 껌이 부지불식간에 입에서 툭 튀어 나오는 것 같은 경박한 감정의 찌꺼기다. 그것은 질긴 짜증이 되어 죄 없는 식구들이나 못살게 볶는다. 그때 목소리는 지나친 감정으로 갈라지고 미간의 주름살은 세로로 빳빳하게 줄서기를 한다.

조금 심할 때 내 몰골은 감정부스러기들의 난장판으로 볼품없이 망가진다. 어설픈 자존심과 공연한 피해의식이며 불신이 가슴을 차지한다. 마음속에 어느새 패륜아가 들어앉아 주위를 분탕질한다. 그 결과 이성은 마비되고 섣부른 감정만이 앞서간다. 상대방이 나를 무시하거나 그를 따라갈 자신감이 없을 때는 배알틀린 부하직원마냥 속으로 끙끙 앓으며 그를 빈정대기도 한다. 그러나 나약해 보이는 상대를 만날 땐 콧바람을 풍기며 거들먹거리기도 한다. 이쯤 되면 나라는 존재는 전혀 없다. 어느 다른 존재가 내 탈을 뒤집어쓰고 내 안에 진을 치고 설친다는 느낌이 든다. 이런 굴레에서 벗어나고자 때로는 마음을 쓸어내리며 전에 읽은 수신교과서 앞에 앉는다.

억울하거나 감당 못할 일과 맞닥뜨렸을 땐 몸을 부들부들 떨며 상처받지 않으려 이리저리 파닥거리던 꼴이 가관이다. 짐승 같은 본능으로 처절한 하소연을 해대는 입술이 가증스럽다. 어느 누구의 충고도 화해의 몸짓도 받아들이지 않고 마음에 철창을 치고 컴컴한 굴속으로 침잠하는 서글픔이 보여 안쓰럽다. 아무도 접근하지 못하게 가시덤불을 쳐 놓고 스스로에게 생채기를 내며 절망의 늪을 헤매는 일을 차라리 수양과정으로 삼아야겠다. 상대방의 뒤통수나 쳐 보려고 벼르고 있었던 자신이 얄밉다.

스스로 만든 어처구니없는 분노로 인하여 심장은 제 속도를 잃고 덜컹거리며 마비되던 이성이 차차 돌아올 것이다. 올바르게 살아보려는 삶에 대한 욕구와 의지의 불꽃을 다시 피워야겠다.

분노는 아기 때 욕구를 좌절시키던 엄마에게로 향해 품는 감정이라고 한다. 분노의 대상이 곧 사랑의 대상이기도 하므로 그 감정을 표출하지 못하고, 성장하면서도 계속 내면으로 억눌러 감추던 것이 나타나기 시작하면서 짜증스럽고 신경질적인 말투, 불평불만 늘어놓기, 타인과 세상을 의심하기, 말꼬리 달기 등의 간접적 방법으로 나타난다고 김형경은 ≪사람풍경≫에서 말하고 있다. 무엇보다 분노는 가장 믿을 수 있는 가까운 사람에게 표출되어 친밀한 관계를 해치고 생을 퇴행시키는 원인이 된다는 것이다.

비교적 남 앞에서는 잘 조절되던 감정이 가장 가까운 가족에게만은 유독 걸러지지 않은 채 그대로 표출되어 당황스러울 때가 있다. 그렇다면 부지불식간에 튀어 나오는 분노는 어린 시절 자고 일어나면 일하러 나가고 없는 어머니의 빈자리에 대한 서운하던 감정과 사랑에 대한 욕구불만이 그리움과 뒤섞여 내면 깊숙한 곳에 숨어 있다가 지금에야 분노란 어처구니없는 형태로 솟구쳐 나오는 것일까.

불현듯 무심코 내뱉는 짜증스런 말투가 아이들에게 욕구불만의 불씨가 되어 훗날 그들에게 분노의 싹으로 자라고 있을 빌미가 될지도 모른다는 생각에 내 정신의 구석을 요리조리 살피게 된다. 분노는 사랑처럼 누구에게나 있는 지극히 정상적이고 당연한 감정이다. 그걸 어떻게 다스리느냐에 따라 삶의 질이 좌우된다는 것이다.

때때로 울컥울컥 치미는 욕구불만의 분노를 살살 어르고 달래야 할 것 같다. 아무데나 달려드는 어린아이 같은 덜 자란 내 인격이란 것이 행여 주위에 피해를 주지나 않을까 염려된다.

'이성적이며 부드러운 나' 는 기쁘거나 감사함을 느낄 땐 코앞까지 와서 알랑대다가 일순간 날름 혀를 내밀고는 변심한 애인처럼 달아나 버리니 요사스런 일이다. 하지만 자신을 다스리려는 노력은 지금도 감질나게 내 안에서 계속되고 있다.

부지불식간 튀어나오는 구린 분노가 가족과 이웃을 해치지 않기를 다짐해 본다. 잘못 터지는 감정의 폭발물을 진정시키는 순환기능을 생각해 보아야겠다. 이럴 때 속으로 말한다.

5분 이상 화가 계속된다면 그건 옹졸한 내가 갖는 잘못된 문제라고.

제3부

마음으로 하는 여행

마음으로 하는 여행

종일 피곤하던 몸도 잠자리에 눕는 순간 어느새 바닥으로 착 가라앉는 느낌이 든다. 몸의 여러 부위가 제자리로 돌아가느라 부산하게 피가 움직이는 기운도 질금질금 느낄 수 있다.

몸이 홀가분해진다. 이런 때는 여지없이 마음으로 하는 여행을 즐긴다. 한달음에 달려가는 곳은 말할 나위도 없이 어머니 품속이다. 어머니 젖가슴에 얼굴을 묻고 그립던 냄새를 흠뻑 들이켜면 어머니는 굽은 손을 뻗어 지쳐있는 내 등을 토닥토닥 두드려 주시겠지. 어느새 세상모르는 철부지 아기 때로 돌아가 방긋방긋 웃음꽃만 띄우는 달콤한 환상에 잠긴다.

'괜히 왔다 간다.'는 말을 중광스님이 남겼다. 그 말에 찔려서도 아니지만 괜히 나이를 먹고 어른이 된 것 같다. 인격 수양을 위해 공부를 하는 것은 아기 때 가졌던 순수를 찾고 싶어서일 것이다. 세월에 떠밀리고 세상 흙탕물에 뒹굴다 잃어버리고만 순수를 새삼스레 이제야 되찾는다고 호들갑을 떠는데 이 또한 딱한 일이다. 이럴 줄 알았으면 어른이 되지 않으려 기를 쓰고 버텨볼 걸 하는 엉뚱한 생각마저 든다.

잠시도 머물지 못하는 안달쟁이인 세월이란 버스는 엄마 젖가슴을 만지며 노닥거리는 손을 떼어놓으려 한다. 어머니 치마폭을 붙잡고 있는 손을 억지로 떼어내 버스에 싣고는 뒤돌아볼 틈도 주지 않고 냅다 달리기만 한다. 무지막지한 세월의 힘에 버텨낼 재간이 없다.

털털거리며 도착한 곳은 학창시절 통학버스 안이다. 의기투합된 또래 몇몇은 남학생 모자 벗기기 내기를 하고 있다. 얌전하게 앉아 있는 남학생을 점찍어 모자를 낚아채곤 빙빙 돌리며 깔깔거렸다. 벌개진 얼굴로 원망스럽게 쏘아보던 남학생의 눈초리는 지금도 그리운 추억이 되어 있다. 분위기에 휩쓸려 함부로 놀아났지만 그것이 되레 한 장면의 추억이 되다니 뜻밖이긴 하다. 무모한 영웅심리 같은 것이 작용했었던 것 같다.

그 무렵 한동안 나에 대한 이러저러한 소문은 아이가 완전히 변했다는 것이었다. 청소년기의 엉뚱한 행동은 대부분 분위기에 휩쓸리는 일시적인 것임을 그때의 경험으로 알게 되었다. 바람에 휩쓸려 일던 물보라는 바람이 지나가고 나면 언제 그랬냐는 듯 잔잔해진다. 아마 그때가 가장 철없이 호기를 부리던 앙가주망 같은 시기가 아니었나 싶다.

세월의 버스는 안타까운 그리움을 안은 마음을 애써 모른 채하며 마냥 달린다. 버스 뒤창에 매달린 채 자꾸 멀어져가는 학창시절 친구들과 때때로 그리워지는 또 다른 나에게 하염없이 손을 흔든다. 그리움은 뿌연 흙먼지 속에서 멀어져 간다.

결혼을 하고 신혼여행을 가는 배 속에서 이제 막 남편이 된 사람에 대해 별로 아는 게 없다는 생각에 덜컥 겁이 났다. 어쩐 일인지 계획을 세우고 뭔가 제대로 해보려 하면 오히려 망쳐버리는 때가 허다하다. 마음먹고 가계부를 쓰기로 작정한 날은 난데없는 곳에 돈이 들어가 김이 새버린다. 부드러운 말씨를 써야지 결심한 날은 아이들에게 꼭 악을 쓸 일이 생긴다. 잘해 보려하면 항상 운명이 태클을 걸며 장난질을 하는 것 같다.

만약 결혼에 대해서도 요리조리 잣대를 들이댔더라면 낭패를 당했을 수도 있겠다 싶다. 세상사가 계획 세운 대로 만만하게 굴러가지 않음을 세월이 갈수록 실감하기 때문이다. 하기야 세상일엔 수많은 변수가 있기에 희망의 끈을 놓지 못하고 아등바등 매달리는 것이리라.

세월의 버스는 어느새 지금의 내 삶에 도착했다. 아이들이 재미로 내뱉는 말 한마디에도 정색을 하며 훈계를 해대는 재미없는 엄마 역할을 맡는 중이다. 차려야 하는 체면치레에서 벗어나고 싶다. 아이들과 어울려 아이들의 마음이 되어 그냥 뒹굴고 싶다. 무릎을 구부려 눈높이를 조절하고 그들의 관심사에 주파수를 맞추어 깔깔거리고 싶다. 하지만 아이들이 내 뜻과 달리하며 바짝바짝 약을 올릴 땐 퍼더앉아 엉엉 울어 버린다. 걸친 옷을 벗어던지듯 발버둥을 치는 것은 아무 걱정거리 없던 코흘리개 때로 돌아가고 싶기 때문일 것이다.

한바탕 운 다음 둘러보니 주위를 감싸고 있는 울타리가 보인다. 아직은 시어머니의 사랑이 있고 곁을 지키는 동반자가 있으며 내 손길을 필요로 하는 사랑스런 눈망울들이 있다는 것이 은근히 기쁘게 한다. 영원히 이곳에 머물 수만 있다면, 하지만 세월은 그 심술궂은 성향으로 보아 털털거리는 버스를 갈아치우고 이번엔 초고속열차를 들이대며 등을 밀치고 달아날 것만 같다. 붉은 해가 서쪽 하늘에 깔리는 풍경을 담은 철로 가에서 귀를 막고 경악하는 뭉크의 그림이 떠오른다.

잠자리에 들어 마음으로 여행을 즐기는 것은 가까운 것만 보고 안달하니 시야가 좁아져 판단력이 흐려지기 때문이라며 나를 진단한다. 먼 곳을 보는 시력을 회복하려 잠자리에 누워 새삼 원시형 안경이라도 쓰고 싶은 마음을 다독거린다.

내 안의 일기도

김밥을 좋아하는 가족을 위해 자주 김밥을 싼다. 각양각색의 맛을 지닌 재료들이 한데 어울린 김밥은 먹기도 간편하고 영양가도 그만이다.

고슬고슬한 밥이라야 예쁜 모양의 김밥을 쌀 수가 있다. 질척거리는 밥은 덩어리가 뭉쳐 모양새가 볼품없고 너무 된 밥은 재료들을 잘 아우르지 못해 먹기에 불편하다.

김밥은 쌀을 씻어 솥에 앉히는 것으로 시작된다. 눈대중으로 대충 밥물을 잡아도 낭패 보는 일은 드물어졌다. 간혹 같은 기준으로 물 양을 조절해도 너무 질거나 된밥이 되어 입맛 없는 가족들의 불만을 듣게 된다. 잦은 고장을 일으키는 밥솥 탓이라고 핑계를 대보지만 변덕 많은 내 심사도 한몫 거들었을 것이다.

습도가 높은 날은 곳곳에 시동이 꺼지며 브레이크가 걸린다. 사사건건 끈적거리며 말꼬리를 잡는다. 때 아닌 눈물바람으로 분위기가 질척거린다. 눅눅한 습기에 몸 구석구석이 짓무른다.

날씨가 추워질수록 난방으로 인한 실내의 공기는 건조해진다. 이럴 때는 작은 접촉에도 스파크가 튄다. 까칠하니 윤기를 잃은 마음이 여기저기서 트러블을 일으킨다. 공기는 무미건조하여 답답하고 코막힘은 결국 편두통을 유발한다. 진중치 못한 행동은 체기를 일으키며 덜컥덜컥 소화불량에 걸리고 만다.

적당한 수분과 알맞은 온도가 필요하다. 윤기 흐르는 고슬한 밥에 각각의 맛을 곁들이면 간도 맛도 딱 들어맞는 맛있는 김밥이 될 것이다.

기상예보를 듣고 일상을 대비하듯 매일매일 기분에 따른 마음의 일기도를 관찰하여 알맞게 조절하고 대처할 수 있다면 윤택한 삶을 사는 생활의 지혜가 되지 않을까.

오늘의 날씨입니다. 어젯밤 형성된 한랭전선의 영향으로 기압골이 형성돼 몸과 마음에 잔뜩 먹구름이 드리워졌습니다. 자칫 저기압에 따른 혈액순환 장애가 생겨 곳곳에 통증이 유발될 수 있으니 이 점 각별히 유의하시기 바랍니다. 낮부터는 점차 웃음햇살로 형성된 고기압의 가장자리에 들면서 대체로 맑은 날씨를 보이겠지만 마음이 자리한 중부지방에는 지형적인 영향으로 흐린 가운데 한때 비가 내리겠습니다. 오후가 되면서 점차 기온이 오르겠으나 자칫 덩달아 오른 기분이 흥분하여 불상사를 야기할 수 있으니 자중하시기 바랍니다. 저녁에는 난데없이 회오리바람이 불어닥칠지도 모르니 외출 시에는 몸가짐을 단단히 하시기 바랍니다. 바람이 지나간 뒤에는 기온이 큰 폭으로 떨어져 꽁꽁 얼어붙을 수 있으니 미리미리 몸과 마음을 잘 단속하시기 바랍니다. 모자라지도 넘치지도 않은 평상심을 잘 유지한다면 내일부터는 평균기온을 웃도는 포근한 날씨가 이어지겠습니다. 이상 마음의 일기도였습니다.

네비게이션

 행복을 향해 달리는 삶이라는 자동차를 타고 있다.

시원하게 뚫린 길은 나를 위해 깔아놓은 카펫이다. 한번도 가본 적 없는 낯선 길이지만 설레는 마음을 안고 콧노래를 흥얼거린다. 이번 여행길이 이토록 즐거운 것은 든든한 그가 있기 때문이다.

그는 맥을 짚어가듯 조심스러우면서도 꼼꼼하게 길을 안내한다. 가고자 하는 목적지를 인지하곤 적합한 조건들을 설정하여 최적의 경로를 찾는다. 초보운전자를 위해 시시콜콜한 것까지 친절을 베푼다. 즐겁다싶으면 한없이 들뜨는 성격을 아는지라

과속 단속 구간임을 미리 알려준다. 간간이 터지는 다혈질 기질에 충돌을 미연에 방지하려 엄중한 경고도 잊지 않는다.

뻔히 보이는 길을 두고 돌아가라는 신호를 보낼 때가 있다. 한시라도 빨리 목적지에 도착하고 싶은 나는 어깃장을 부리듯 경로를 이탈한다. 그러면 화들짝 놀라 경고등을 깜박이며 경고음을 보낸다. 지칠 법도 하건만 그는 길잡이 역을 포기하는 일이 없다.

어떨 땐 자를 잰 듯 빈틈이 없어 답답하기도 하다. 세상사에 마음을 다칠 때면 남 앞에서 차마 드러내지 못한 마음을 황급히 치료 받으러 가는 곳이 있다. 그이 앞이다. 표정을 그대로 드러낼 수 있는 유일한 곳 무조건 내 편일 것이라는 기대를 갖고서. 하지만 그는 남에게 하듯 전과 다름없는 잣대를 들이댄다. 인정하고 싶지 않은 잘못을 엄격하게 가려내고 매정하게 심판한다. 속도제한을 요구하며 어김없이 나타나는 과속방지턱이다. 반감으로 그의 목소리를 꺼 버린다. 기분 내키는 대로 급발진 급제동의 곡예운전을 즐긴다.

심상찮은 기운을 감지한 건 그때였다. 험상궂은 구름이 그 큰 덩치로 햇빛을 막아섰다. 찬바람 떼거지들을 잔뜩 몰고 거리를 점점 좁혀왔다. 번쩍번쩍 눈을 부라리고 천둥 같은 고함을 내지르며 금방이라도 달려들 태세다. 두려움에 차마 앞을 똑바로 쳐다볼 수가 없다. 삽시간에 폭풍우 몰매를 고스란히 맞고는 후줄근한 몰골이 되어버렸다. 행복 카펫은 뒤집혀 날아가고 기상이변에 엉킨 체증으로 답답하다.

실시간 정보를 제공하는 그를 인정치 않은 결과이다. 그의 말에 귀를 기울이면 교통상황을 한눈에 파악할 수 있었다. 황급히 그를 찾는다. 한결같이 낮고 차분한 음성으로 올바른 길로 안내한다. 그가 이끄는 안내 서비스에 두려움이 사라지고 안도의 한숨을 내쉰다.

달리는 길엔 때때로 고비가 찾아온다. 쌀독이 비었다며 주유구가 깜박깜박 신호를 보낼 때면 가슴이 졸아들지만 머지않아 주유소가 있으니 걱정 말라는 그가 있어 이내 마음을 놓는다. 지쳐있는 나에게 쉬어가라며 숙박시설로 안내하고 때로는 맛집을 찾아내 색다른 맛의 먹는 즐거움도 선사한다. 그토록 도착하고 싶은 행복동은 어디서 기다리고 있는 것이 아니라 안전도우미인 그와 함께 달리는 이 순간임을 비로소 깨닫는다.

사회를 올바른 길로 안내해 줄 네비게이션은 언론이겠다. 언론을 통해 수많은 정보를 얻는다. 만약 언론이 왜곡되고 편향된 쪽으로 정서를 몰고 간다면 선진의식은 요원하지 않을까. 언론으로부터 올바른 정보를 안내받을 수 있다면 세상을 드라이브하는데 있어 결코 두려움은 없겠다.

어느새 나는 우리 집의 네비게이션이었다.

충전기

추운 날씨가 계속되니 여기저기서 자동차 배터리가 방전되었다고 아우성이다. 연료가 바닥나 거리에 버려진 자동차는 따스한 정이 방전되어, 오도 가도 못하고 멈춰버린 우리 마음 같다.

정이 흐를 때는 소통이 원활하던 마음이 찬바람에 열기가 점점 소진되어가니 의사소통에 덜컥덜컥 브레이크가 걸린다. 소통되지 않은 마음은 어둡고 답답하다. 몸은 추위를 견디지 못해 덜덜거린다.

큰아이가 어릴 때, 직장을 다니던 나는 아침이면 살금살금 도둑고양이가 되었다. 떨어지지 않으려 울며 떼쓰는 것이 보기 안타까워 살짝 달아나기로 한 것이다. 하지만 그럴수록 상황은 점점 악화되었다. 아이는 날이 갈수록 떨어지지 않으려 발버둥 쳤고 늘 징징거렸다. 사랑을 충분히 받은 아이는 자립심도 강하다는 것을 후에 알았다. 사랑을 만끽하지 못한 어린 마음이 사랑을 충전해달라고 그렇게 떼를 썼던 것이다.

사람이 사는 곳에는 정이라는 따끈한 전류가 흐르고 있다. 정을 담은 전선줄은 혹여 껍질이 벗겨져 엉뚱한 곳으로 전류가 새지 않게 단단히 포장되어 필요한 곳으로 흘러간다. 추위가 몰아치는 겨울 밤, 너나 없이 일찌감치 귀가를 서두르는 것은 헐거워진 몸과 마음을 따끈한 정으로 충전시키기 위해서일 것이다. 시린 마음엔 가족이라는 충전기로 따끈한 사랑을 충전시키는 것 이상의 훈기는 없을 듯하다.

인간관계에 있어 신뢰라는 배터리가 방전되어 버리면 불신의 늪 속으로 빠져든다. 유난히 상대에게 집착하는 사람은 신뢰라는 에너지를 공급받지 못해 불안한 마음에 어떻게든 에너지를 공급받으려고 매달리는 것이리라.

때로는 아무런 노력 없이 어디서 따끈한 열기를 구할 수 없을까 궁리하기도 한다. '로또'라는 복권으로 삶의 열기를 얻을 수 있다고 생각하는 것 또한 그런 게 아닌가 싶다. 온 세상이 로또 열풍으로 떠들썩하던 때 나도 덩달아 로또충전기에 희망을 걸었다. 대박의 꿈에 부풀어 절로 신이 났다. 신문을 통해 결과를 확

인하였다. 1등이었다. 당첨금 62억, 갑자기 숨이 멎고 가슴이 벌렁거려 주체할 수 없었다. 서성거리며 호흡을 가다듬었다. 62억이라! 여태까지 아등바등 살아온 내 삶이 무의미해졌다. 가정이라는 울타리를 지키기 위해 남편과 아이에게 언성을 높이던 일도 부질없어지고 행복이라고 생각하던 일상의 자잘한 일들이 하찮게 생각되면서 머리는 복잡하게 돌아갔다. 남편에게 이야기를 해야 하나. 그러면 당장 하던 일을 팽개칠 게 뻔하다. 아이들도 흥청망청 제멋대로 자랄 테고 나 역시 치열한 삶은 아예 포기하고 뭐 즐거운 일이 없을까 방황하겠지. 물질이 주는 열기로 삶이 더 행복해질 수 있을까. 자신이 없었다. 감당할 수 없을 만큼의 돈은 오히려 재앙이라는 생각이 들었다.

마음을 진정시켜 다시 찬찬히 신문을 펼쳐보았다. 분명 내가 찍은 대각선의 숫자가 당첨번호인 줄 알았는데 아뿔싸, 그건 대각선 번호 중에서 당첨 번호가 많이 나왔다고 분석해놓은 기사였다. 당첨숫자 중 4개나 맞았지만 당첨자가 워낙 많아서 당첨금은 27,000원이라고 했다. 그러면 그렇지. 손쉽게 아무 곳에서나 열기를 얻어 볼까 했던 어리석은 망상에 눈이 잠깐 흐려졌던 것이다.

충전은 틈틈이 차곡차곡 쌓아놓은 에너지가 있어야 가능할 것이다. 혹여 배터리가 방전되어 캄캄한 어둠일지라도 넉넉하게 비축한 에너지로 충전하면 곧바로 제 기능을 회복할 수 있다.

또 플러그와 콘센트의 압력이 동일해야만 서로 교감이 이루어질 것이다. 한쪽의 일방적인 힘은 자칫 스파크가 일어 감당할 수 없는 불상사가 발생할 수도 있다. 서로 주고받는 마음에 아무런 거부감이 생기지 않도록 상대를 세심히 파악하여 적당량을 알맞게 충전해야 할 것이다.

플러그를 콘센트에 연결하고는 느긋하게 일정한 시간을 기다릴 줄도 알아야 한다. 그리하여 서로가 흔쾌히 마음을 열 때 뜨거운 열기가 전해질 것이다. 그 열기와 함께 봄이 찾아오면 멈췄던 물이 흐르며 노래하고 꽃은 천지에 만발할 것이다.

황우석 사태로 절망에 빠진 장애인들의 애끓는 울음소리가 들리는 듯하다. 부풀던 꿈이 한순간에 방전되어 버리고 낙담하여 암흑 같은 날을 보내고 있을 그들은 그러나 희망의 끈을 끝까지 놓을 수는 없을 것이다. 포기하지 않는 그들의 꿈이야말로 충전의 힘이 되어 과학계를 다시 일으켜 세울 것이다.

충전기는 꿈을 포기하지 않는 마음이기도 하다.

지갑

집을 나서다가 황망히 돌아선다. 그를 품안에 안고서야 안도의 한숨을 내쉰다. 하마터면 오늘 하루 낭패를 당할 뻔했다며 호들갑을 떠는 말을 듣는지 마는지 그는 묵묵히 길을 따라 나선다.

최신유행 감각을 무리 없이 소화해 낸 그와의 외출은 늘 내 어깨를 으쓱하게 한다. 그가 있어 세상 두려울 게 없다는 얄팍한 생각을 또 한다. 날개옷을 입은 듯 발걸음이 가벼워진다.

그와의 인연은 필연이다. 처음엔 다소 경직되어 있는 그의 모습에 서먹하기도 했지만 따스한 체온을 나누며 서로 친밀해져 갔다. 세상사에 언제나 동행하므로 그 없는 세상은 생각할 수가 없다. 그가 가진 무한한 가능성은 늘 희망을 준다.

외출을 하느라 그와 함께 택시를 탔다. 앞으로 있을 즐거운 일을 생각하느라 들뜬 탓인지 그를 챙길 생각도 못하고 혼자 달랑 내려버렸다. 택시가 출발해 버리고 난 뒤에야 그를 남겨두고 내렸다는 것을 알게 되었다. 항상 내 곁에서 든든하던 그였기에 그를 잃은 상실감은 컸다. 다시 돌아오기만을 학수고대하면서도 한편으론 어디를 가나 최상의 대우와 인기를 누리는 그이기에 체념도 되었다. 한동안 나는 꿈풍선을 놓친 아이처럼 멍하니 하늘만 쳐다보았다.

산업사회의 발달은 그를 최고의 스타에 올려놓았다. 너나없이 세상일의 해결사로 그를 필요로 한다. 이제 어느 것 하나 그의 결재 없이는 제대로 흘러갈 수 없게 되었다. 그는 결코 즐겁지만은 않으리라. 마음대로 재단해 꼼짝 못하게 틀을 만들고선 온갖 세상 짐을 다 맡겨 놓았으니까.

어떤 날은 제때 배를 채우지 못해 홀쭉해진 모습을 보면 안타깝고 막막하다. 불룩하게 채워주고 싶지만 힘이 부친다. 그의 건강이 곧 내 삶이다. 지나친 수축은 긴장으로 이어져 불안하고 초조해진다. 또 과도한 이완은 사고를 불러일으킬 수도 있다. 규칙적인 수축과 이완은 순환에 도움이 될 것이다. 수축과 이완 열림과 닫힘의 적정선에 그가 서 있기를 기도한다.

얼마 있으면 성인이 될 딸아이도 그를 원했다. 앙증맞은 놈으로 골라 신접살림을 차려주듯 필요한 것을 챙겨 넣어주었다. 이제 든든한 동반자가 생겼으니 품을 벗어나도 당당할 수 있으리라. 함께 서있는 둘을 보니 흐뭇하다. 부디 원활한 인생을 꾸리는 일에 좋은 동반자가 되기를 바라는 마음이다.

길을 가다 구석진 곳에 쭈그리고 앉아 멍하니 빈 하늘을 보는 이가 있다. 생의 동반자를 잃은 탓에 삶마저 도둑맞은 채 구석자리로 내몰려 있다. 동반자라고 늘 함께한다는 보장은 없다. 언제 어디서 무슨 일을 당해 황당해 할지 알 수 없다. 세심한 주의를 기울여 안정된 여건을 조성하는 일만이 동반자와 함께하는 확실한 길일 것이다.

묵묵히 역할을 다하는 그는 무슨 생각을 하고 있을까. 속을 알고 싶어 지퍼를 연다. 꼭꼭 숨겨놓았던 속내가 순순히 드러난다. 비록 풍족하진 않지만 늘 함께하겠노라고.

그대가 있어 나는 정녕 행복하다.

화장지 그리고 돈

생활 속에서 여러 가지 물건의 도움을 받으며 살지만 그들의 존재를 인정해주는 데는 별 관심이 없다. 그들 없인 한시도 살 수 없으면서도 생각 없이 그것들을 쓰고 버린다.

그 중의 하나가 화장지다. 화장지는 실수와 허물을 알뜰살뜰 해결해준다. 필요로 할 때마다 자기 몸을 술술 풀며 토막토막 끊기는 아픔조차 감내한다. 맡겨진 일이라면 뭐든 말끔히 처리한다. 그러나 아무리 온몸을 바쳐 노력해도 대접은커녕 멸시와 천대뿐이다. 그럼에도 타고난 신분을 기꺼이 감수하며 묵묵히 제 할 일을 완수하고 있다.

화장지와 전혀 다른 삶을 사는 것이 있다. 돈이다. 돈은 탄생부터 화려하다. 모든 이의 관심 속에 엄호와 경호를 받는다. 세상에 나서기 무섭게 손끝이라도 닿아보려 사람들이 우르르 몰려든다. 온갖 환호와 환대를 받는다. 어떤 이는 목숨까지 건다. 광분하는 팬에 둘러싸인 돈은 기고만장하다.

남녀노소 어느 앞이건 고개를 빳빳이 쳐든다. 웬만한 딱한 사연과 하소연에도 눈 하나 깜짝 않는다. 좋은 것 새것만 인정하고 낡고 보잘것없는 것은 거들떠보지도 않는다. 오물이야 묻건 말건 굴리고 또 굴리며 뭉칫돈을 만든다. 가난한 이에게선 동전소리로 딸랑거리며 거들먹거리다 가진 이의 품에 넙죽 안겨선 온갖 기득권을 누린다.

어찌 보면 세상의 온갖 오물과 허물은 돈이 저질러 놓은 것이다. 닥치는 대로 사대고 먹고 마셔대니 곳곳이 쓰레기다.

화장지라고 비상을 꿈꾼 적이 왜 없겠는가. 평생 남의 뒤만 따르는 것이 답답하고 한심했을 것이다. 화려한 모습으로 근사한 테이블에 앉아도 보았다. 으쓱하는 마음이 들 무렵 날쌘 손길에 낚아채여 여지없이 오물에 뒹굴리며 새삼 자신의 처지를 깨닫게 되었다.

구겨지면서도 자신만이 할 수 있는 일을 찾고 싶었으리라. 뒤처리에 있어선 누구보다 자신 있다. 완벽한 마무리를 위해 가장 보드라운 형태로 거듭나기 위해 연마를 게을리하지 않았다. 그 결과 마침내 피부 결처럼 부드러운 화장지가 탄생하였다. 이제 어여쁜 아가씨와 볼을 부비고 입술도 맞댄다. 사람들이 허겁지겁 자신을 찾아 헤매는 즐거움도 만끽한다.

문득 "우리 아이교육은 이웃집 아줌마가 망친다."는 우스갯소리가 생각난다. 내 아이만 볼 때는 한없이 대견하던 마음이 이웃집 아줌마만 만나고 나면 초조하고 불안해진다. 그때부터 아이의 일거수일투족이 불만스러워지면서 잔소리를 하게 된다. 불행은 비교로부터 시작됨을 알고 화장지는 일찌감치 돈과는 다른 길을 걷고자 했나 보다.

일전에 〈말아톤〉의 주인공 배형진 군이 청와대에 초청된 기사를 보았다. 그의 어머니는 멀쩡하고 근사한 이웃집 아들과 비교하는 것을 그만두고 문제를 인정하고 그 속에서 가장 생산적인 방법을 찾아내 최대의 효과를 올린 경우이다. "형진이가 가장 행복하게 보일 때는 달리고 있을 때였어요. 나는 그 아이의 행복해하는 모습을 보고 싶었을 뿐이에요." 비교하는 어리석음에서 벗어나 지금의 나를 인정하고 내 속에 있는 나를 다듬어 최대의 효과를 내는 것, 그것이야말로 존재의 가치를 인정받고 싶은 우리가 할 일이 아닐까.

혼신을 다해 꽃물을 들이는 것도 마른 땅에 빗방울이 점을 찍는 것도 길가의 돌멩이가 발을 거는 이유도 자신의 존재를 드러내고 싶어서이다. 존재를 인정받는다는 것은 생존의 목적이기도 하다.

현미경

아이 방을 청소하다 과학 실험용 현미경에 눈이 갔다. 현미경 속에는 육안으로는 볼 수 없던 작은 물체들이 꿈틀대고 있었다.

눈으로 볼 수 있는 것은 보이지 않는 수많은 것 중 한 부분일 뿐이다. 외형으로 드러난 것만으로는 사물의 의미와 성향을 알 수가 없다. 일의 의도와 연관성과 진행방향까지 파악하고 싶어 곳곳에 현미경을 들이대며 신경을 곤두세운다. 아이들의 말과 행동 하나에도 호미로 흙을 헤집듯 따지고 캐묻는다. 현미경으로 세상을 보는 눈에는 온갖 불합리와 부조화들이 세균처럼 득실거리고 있어 차마 그냥 두고 볼 수가 없다. 그래서 시도 때도 없이 청소기를 돌리고 걸레질을 해대니 몸은 늘 몸살을 달고 산다.

현미경 속 세상에서 동동거리는 나를 보며 남편은 의아한 표정을 짓는다. 그도 그럴 것이 그는 망원경으로 세상을 보기 때문이다. 갈릴레이 갈릴레오는 천체망원경을 발명해 천체와 우주의 세계를 마음껏 탐닉하였다. 먼 곳의 낯선 풍경은 현실을 떠나 이상을 꿈꾸게 한다. 아름다운 별로 수놓인 은하수를 관측하는 렌즈로는 세상사 핏대 세우며 아등바등 사는 삶을 쉽사리 이해하지 못할 것이다. 렌즈가 두 개인 망원경은 시야를 폭 넓게 보는 반면 현미경은 렌즈 하나로 더 세심하게 심도 깊게 상황을 파악하고자 한다.

바라보아야 할 것과 들여다봐야 할 곳을 구별해 초점을 제대로 맞추는 것이 세상살이 지혜일 것이다. 먼 데 있는 가을산은 울긋불긋 단풍으로 아름답다. 하지만 가까이 다가가보면 나뭇잎은 메말라 바스라지고 있다. 카드섹션의 일사불란함에 박수를 보내면 될 일이지 틀리지 않으려 비지땀을 쏟고 있는 카드리어에게 앵글을 맞추는 것을 결코 달가워하지 않을 것이다. 초록색이던 개구리도 풀빛을 따라 누렇게 보호색을 바꾸었다. 변화에 따라 요리조리 보호색을 바꾸는 나름의 생존 술에 굳이 현미경을 들이대며 왈가왈부할 일은 아닌 것 같다.

하지만 상처가 난 곳이 있다면 현미경을 들이대 볼 일이다.

상처는 보는 것만으로는 나을 수가 없다. 헐거나 짓무른 곳이 없는지 유심히 살펴서 소독하고 치료하여야겠다. 첨단의학은 현미경을 이용해 고난도의 수술도 가능해졌다. 세상살이에 닳아 헐거워진 곳은 봉합술로 메우고 울쑥불쑥 치솟아 오르는 종기 같은 울화는 미세 레이저로 제거한다. 단절되어가는 마음은 최신 접합술로 잇는다. 심혈을 기울여 현미경요법을 시행하다 보면 상처는 어느새 아물어 새살이 돋고 혈액은 원활해져 몸과 마음에 따끈한 온기가 흐를 것이다.

루게릭병으로 움직일 수 없는 장애우가 눈의 깜박임으로 자신의 마음을 컴퓨터에 나타내는 것을 보았다. 본다는 것은 관심을 가진다는 말이기도 하다. 굳이 말하지 않고도 서로의 마음을 읽고 싶다면 마주보고 서서 상대를 지그시 바라볼 일이다.

망원경으로 책을 읽어 이해의 폭을 넓히고 잘 모르는 속내를 알고 싶어 현미경을 들이대듯 글쓰기를 한다.

옷걸이

밖에서 돌아온 가족들은 거실 한쪽에 선 옷걸이에 얼른 옷을 벗어 걸고 홀가분해한다. 마치 거추장스러운 짐을 벗어 던진 것 같다. 옷가지를 잔뜩 받아든 옷걸이는 힘에 겨운지 기우뚱해진다. 가족이라는 짐을 지고 어깨가 축 늘어진 가장의 모습이다.

옷걸이에 걸린 옷들의 상태는 허접하다. 여기저기 묻은 오물, 때 묻은 깃, 세상에 시달린 보푸라기, 떨어진 단추 자리, 닳아 반질해진 소매 등, 세상일에 곤죽이 되어 절름거리며 돌아온 것들이다. 옷걸이는 삶의 두께만큼 늘어만 가는 옷가지들을 감싸 안고 지탱하려고 안간힘을 쓰고 있다.

옷을 벗어 걸려면 옷걸이는 적당한 높이와 안정된 자세를 취해야 한다. 불안정한 옷걸이에는 선뜻 옷을 걸 수가 없다. 아무것도 걸려있지 않은 옷걸이 또한 어색하다. 나무는 잎으로 앙상한 가지를 덮는다. 옷걸이에 걸린 옷가지들이 옷걸이를 감싸는 나뭇잎이 된다. 비록 가까이서 보면 너저분할지라도 멀리서는 잎이 무성한 근사한 나무임에 틀림없을 것이다.

심기가 불편한 어느 날, 잡다한 것을 치렁치렁 걸고 구질하게 서 있는 옷걸이가 못마땅해 구석자리로 내몬 적이 있다. 말끔하게 정돈된 거실을 보며 흐뭇해하던 것도 잠시 집안은 전보다 더 어질러져 갔다. 아이들은 구석자리까지 옷걸이를 찾아가는 것이 성가신 듯 아무렇게나 옷이며 가방을 팽개쳤다. 여기저기 옷가지가 뒹굴고 발에 툭툭 차이기 일쑤였다. 야단을 쳐도 그때뿐 상황은 나아지지 않았다. 하는 수 없이 다시 옷걸이를 내올 수밖에 없었다. 위치를 확실히 해주어야만 그에 맞는 책임도 요구할 수 있으리라.

고요한 밤이면 옷걸이가 내뱉는 숨소리가 들린다. 푸푸 내쉬는 날숨이 내 가슴에 내려앉는다. 나만 홀가분해지려고 기분 내키는 대로 옷가지를 마구 벗어 건 탓이라 생각하니 미안하고 안쓰럽다. 겹겹이 걸린 옷가지로 인해 내면을 드러내지도 못하고 속은 곪아가고 있는지도 모른다. 너무 오래도록 옷을 걸어두면 옷의 형태가 망가진다. 파고 든 먼지로 인해 빨리 낡고 허접해져

버린다. 온몸을 지나치게 기대다보면 다함께 중심을 잃고 나뒹굴지도 모른다. 지친 여름날 한 그릇의 냉수처럼 꼭 필요할 때만 곁에 있어주는 것으로 만족해야 하지 않을까.

세상사 힘들 때 종종 들고 있는 무거운 짐을 내맡길 옷걸이를 찾는다. 그것은 가슴 답답한 하소연을 왜곡하지 않고 들어줄 친구이기도 하고 흐트러지는 마음조각들을 주워모으게 하는 신앙일 때도 있다.

일전에 신문에 실린 〈추기경의 눈물〉을 보고 같이 눈물을 흘렸다. 평생을 나라와 국민들의 옷걸이 역할을 해 오신 추기경이 흘리는 회한의 눈물은 옷걸이가 지고 있는 짐이 얼마나 힘겨운지를 절감할 수 있었다.

또 어느 날 부모라는 옷걸이가 갑자기 없어져버리고 믿었던 삼촌에게서 온갖 학대를 당한 어느 육군 장교 어린 딸의 가슴 아픈 이야기도 새삼 옷걸이의 필요성을 깨닫게 한다.

나는 이동이 자유롭게 달려있는 옷걸이의 바퀴를 빼내었다. 이동하다 자칫 제자리를 잃고 쓰러져버릴까 염려해서다. 이동이 잦다보면 혼란만 가중될 것이 뻔하기 때문이다. 어떤 상황에서도 흔들림 없는 확고한 버팀목이었으면 하는 바람 때문이기도 하다.

수건돌리기

없으면 아쉬운 것 중 하나가 수건이다. 흘러내리는 물기를 훔치려 해도 그렇고 너저분한 주변을 정리하기 위해서도 필요하다. 요즘은 화장지가 웬만한 것은 대신하지만 그래도 수건으로 만든 걸레만 한 것이 없다.

수건은 묵묵히 책임을 다한다. 하얗던 본바탕이 세상살이 때로 찌들어가지만 원망하며 항변하기보다는 모든 것을 포용하고 감수해 나간다. 그런 수건이 있기에 세상은 맑음이다. 하지만 늘 네모반듯한 틀 속에 갇혀있어 유행이나 변화에 둔감하다. 드러나는 화려한 자리일수록 수건은 자꾸 뒷전으로 밀려난다.

궂은일을 묵묵히 맡아 하는 수건과 달리 스카프는 차려입고 나서기 좋아한다. 까탈스런 성향이라 쉽게 어울리지 못하고 미끄러져 빠져나간다. 살랑살랑 바람을 쉽게 타지만 얼마 못 가 유행에서 멀어지며 뒷전으로 밀려나는 신세가 된다. 그것은 아마 빗방울 하나도 포용 못해 도르르 굴러 떨어트려 버리는 밴댕이 속 같은 기질 때문이리라.

개방만이 살길이라는 주장과 강대국 틈새에서 우리 것을 지켜야 한다는 주장이 스크린쿼터 문제에서 충돌하고 있다. 아무것이나 받아들여 제 몸이 만신창이가 되어버리는 수건과 탈탈 털어내며 아무것도 받아들이지 않으려는 스카프의 충돌 같기도 하다. 좌니 우니 하는 해묵은 이념대립도 종종 정치권의 화두가 된다.

우리가 원하는 곳으로 가기 위해선 운전대를 잡고 좌로 우로 핸들을 돌려야 한다. 세탁기 속의 세탁물도 좌우로 번갈아 돌아야만 찌든 때가 빠진다. 한쪽 방향으로만 핸들을 꺾다가는 제자리에서 맴돌기만 할 뿐이고 한 방향으로만 돈 세탁기 속 세탁물은 형편없이 엉켜버려 실마리를 찾기가 쉽지 않을 것이다.

벽면에 나사못을 박으려면 계속해서 오른쪽으로 돌려야 한다. 벽은 깊은 상처를 받는다. 왼쪽으로 풀어 못을 빼내고 새로 도배를 한다면 상처가 조금은 치료되지 않을까. 한 방향으로만 계속 도는 시계의 시간은 두 번 다시 돌이킬 수가 없다.

'화이부동'이라는 고사성어가 생각난다. 춘추시대 제나라에

경공이라는, 좀 모자란 군주가 신하들을 데리고 들판으로 나갔다. 멀리서 말을 급하게 몰며 다가오는 사람이 있어 경공이 재상인 안자에게 누구냐고 묻자 안자는 양구거라고 대답했다. 멀리서도 양구거인 줄 어떻게 아느냐고 물으니 저렇게 심하게 말을 몰아대는 사람은 양구거밖에 없다고 했다. 그 말을 들은 경공은 양구거가 말을 모는 습관이 자기가 말을 모는 습관과 비슷하다면서 "화和로다, 화로다." 하며 기뻐했다. 그러자 안자는 정색을 하고 그것은 화가 아니라 동同이라고 하면서 두 개념을 구별하여 설명하였다. 화는 서로의 부족한 점을 보충해주어 원만을 이루는 관계이나, 동은 서로 뒤섞이어 함께 망하게 되는 관계라고 하였다. 임금이 말을 급히 모는 습관이 있으면 신하는 모름지기 말을 천천히 몰아 화를 이루어야지, 양구거처럼 무조건 임금 흉내를 내어 비위를 맞추고자 해서는 안 된다는 것이다. 인간관계 이해집단간의 관계에 있어서도 적절하게 응용되어야 할 말이겠다.

세상은 지금 수건돌리기 놀이를 하고 있다. 어느 나라 어떤 술래가 우리 뒤에 수건이라는 기회를 놓을지 긴장된다. 주어진 수건을 잘 포착해야만 우리는 술래를 따라잡아 리더의 위치에 오를 수 있다. 하지만 무턱대고 술래 뒤만 좇아서는 잡아내기 힘들다. 뒤좇다가 갑자기 방향을 바꿔 잡으면 영락없이 걸려든다. 한쪽만 고집하는 것이 능사가 아니다. 상황에 따라 적절하게 대처하는 융통성이 그 어느 때보다 절실하다.

찜질방에 가면 수건으로 갖가지 모양을 만들어 머리에 쓴다. 수건돌리기 또한 시대에 맞게 변화를 모색하고 있는 것이다.

슬로우쿠커 사랑

요즘 주방에서 나에게 가장 사랑을 받는 조리 기구는 슬로우쿠커이다. 타원형으로 안정감 있는 생김새도 마음에 들지만 무엇보다 조급하지 않고 느긋한 성정이 좋아 주방 일을 하는 또 하나의 즐거움이다.

슬로우쿠커에서 만들어진 음식을 먹으려면 오랜 시간 인내가 필요하다. 요리가 되는지 안 되는지 별 반응이 없기 때문에 오직 믿고 기다리는 수밖에 없다. 조급한 마음에 뚜껑을 여닫거나 초조해하면 오히려 더욱 더디게 느껴지므로 일부러라도 관심을 접어두고 있는 게 낫다.

슬로우쿠커는 현숙한 색시 같다. 수줍음이 많아 뚜껑을 닫은 채 소리 없이 맡은 일에 충실하다. 암만 질기고 두꺼운 내용물도 오랜 시간 어루고 달래어 구수한 진국 맛을 우려낸다. 정성과 사랑이 흠뻑 배여 있는 진한 맛을 보려면 성급한 마음을 내려놓고 여유를 가질 일이다. 소란스럽지도 않고 성가시게 하는 일도 없이 혼자 묵묵히 제 할일을 해내고 있는 슬로우쿠커를 보면서 매사에 허둥대는 나를 새삼 돌아보게 된다.

진득하니 곰삭은 맛을 내는 슬로우쿠커의 사랑은 발의 사랑과 닮았다는 생각을 한다. 우리 몸의 가장 낮은 곳에 위치하여 온몸의 무게를 지탱하며 한걸음 한 걸음 착실히 내딛는 발은 목표를 향하여 묵묵히 걸어간다. 때론 거칠고 험한 길을 걷기도 하지만 불평불만이 없다. 올바른 몸가짐을 위해 늘 억압 속에서 화끈거리는 통증을 참아가며 혼자 삭이고 견뎌낸다.

반면에 잠시도 한눈을 팔지 못하게 하는 조리기구도 있다. 프라이팬이다. 뭐든 빨리빨리 해치우려 하고 시끌벅적 요란스럽다. 조금이라도 다른 데 신경을 쓸라치면 연기를 피우며 심술을 부리고 뜨거운 열정으로 구애를 하다가 그 뜨거움에 정신이 혼미해질 때쯤 한순간 싸늘하게 식어버리는 냉혹함도 있기에 잠시도 마음을 놓을 수가 없다. 나보란 듯이 뚜껑을 활짝 열어제치며 드러내 보이기를 좋아한다.

프라이팬의 사랑은 손의 사랑과 닮았는지도 모른다. 손 역시 드러내기를 좋아하고 생각보단 행동이 앞선다. 이것저것 지나치게 참견을 하다 낭패를 당하기도 한다. 뭐든 움켜쥐려는 욕심 때문에 일을 그르치기도 한다.

슬로우쿠커와 발의 사랑이 푹 익은 김치 맛이라면 프라이팬과 손의 사랑은 겉절이 사랑이지 싶다. 어느 요리에나 잘 어울려 얼큰한 깊은 맛을 내는 익은 김치와는 달리 겉절이는 금방은 새콤달콤한 맛으로 유혹해 달려들지만 얼마 못 가 제 맛을 잃어 천덕꾸러기 신세로 전락하고 마는 것이다.

지인이 보낸 메일에 '삶을 맛있게 요리하는 방법'이라는 내용이 있다. "크고 깨끗한 마음이라는 냄비를 준비해 열정이라는 불에 충분히 달구어 교만이라는 눈금이 안 보일 만큼 자신감을 붓는다. 성실과 노력이라는 양념을 충분히 넣은 후 특별한 맛이 나는 이성간의 사랑을 넣어 준다. 이 사랑이 너무 뜨거워지면 집착이라는 것이 생기므로 불 조절을 알맞게 해야 한다. 실패하면 실연이라는 아주 쓴맛이 나와 음식을 망칠 수도 있다. 이 쓴맛을 없애고 싶을 때는 용서와 너그러움, 자신을 돌아볼 수 있는 여유로움을 넣어주면 어느 정도 쓴맛을 없앨 수 있다. 가끔 질투 욕심이라는 것이 생기는데 계속 방치해두면 음식이 타게 되므로 국자로 열심히 걷어내어야 한다. 마지막으로 진실이라는 양념을 넣어 한소끔 끓인 후 간을 본다. 이때 가장 중요한 것은 사랑이라는 소스를 충분히 뿌려주면 맛있고 깊은 맛이 나는 '삶'이라는 음식을 맛볼 수 있다."는 것이다.

'사랑'이라는 말은 원래 '생각'이라는 말에서 유래되었다. 상대의 마음을 헤아려주는 것, 그 사람을 위한 일이 무엇인지 늘 고민하는 것 그것이 바로 사랑이라는 것이다.

사랑도 시대에 따라 변하는지 요즘은 가슴속에서 삭이는 사랑을 보기가 힘들다. 요란하게 치장한 화려한 사랑으로 떠들썩하다. 만남을 주선하는 TV프로에서 만난 지 10초도 안 되어 사랑한다고 고백하는 장면을 보고 어이가 없었다. 사랑도 푹 익어야 제대로 된 맛을 내지 않을까. 설익은 사랑을 먹고 무슨 탈이 어떻게 생길지 알 수 없는 일이다.

삼 년째 의식 없이 누워있는 아내를 돌보는 최종길 씨는 그의 저서 ≪사랑한다 더 많이 사랑한다≫에서 고아로 가엾게 자란 아내에 대해 "나는 혜영이의 발을 오래도록 쳐다봤다. 어쩌면 얼굴보다 더 많은 표정을 담고 있는 맨발이었다. 한겨울에 젖은 양말을 신은 채 학교에 가는 어린 혜영이의 모습이 보였다. 겨울비를 맞으며 걸어갈 때 낡은 운동화 속에서 한없이 곱아들었을 가냘픈 발가락이 보였다. 오랜 세월, 혜영이는 그렇게 걸어서 내게로 왔다."며 병상의 아내에게 그는 말한다. "사랑한다. 이대로라도 평생… 사랑한다."

슬로우쿠커는 최충길 씨의 아내사랑을 떠올리게 한다.

제 4 부

양극화

수필과비평사

얼마나 졸았을까. 볼에 와 닿는 찬 기운에 얼핏 눈을 떠보니 세상은 온통 하얀 눈으로 뒤덮여 있었다. 꿈인지 생시인지 분간할 수 없는 상황에 멍해진 나를 아랑곳하지 않고 버스는 마냥 내달리고 있었다. 일정한 방향으로 달리고 있는 이 길은 동쪽에서 서쪽으로 향하는 해처럼 순리를 따르는 옳은 방향일 것이라며 막연한 안도감으로 달리는 차에 몸을 맡겼다.

눈은 쉴 새 없이 나뭇가지에 이야기보따리를 풀어놓고 있었다. 어제의 이야기 위에 오늘의 이야기를 포개가며 한 권의 이야기책을 만들고 있었다. 이야기 속에서는 옛 것을 안고 새 것을 향해가는 예향 도시의 숨결이 느껴지고 과거와 현재 미래를 아우르는 순환의 역사가 계속되고 있었다. 맛 · 향 · 멋으로 어우러진 수많은 이야기가 보태질수록 책은 늘어난 부피와 무게로 역사에 길이 남을 것이다.

숨을 죽이며 춘향과 이 도령의 사랑이야기를 듣고 있던 나뭇가지들은 향단과 방자의 익살맞은 놀음에 갑자기 웃음을 터뜨려 잔가지에 쌓인 눈을 놓쳐버렸다. 최명희의 혼불이야기에는 긴 가지를 축 늘어뜨리고 한숨지며 듣기만 하더니 땅의 신명과 하늘의 울림이 맞닿아 흐르는 전통가락에는 높낮이를 달리한 눈의 장단에 맞춰 질펀한 풍류 한마당을 펼쳐놓는다. 눈의 긴 이야기가 끝날 때쯤이면 아마 뿌리까지 촉촉해진 나무에서는 새싹이 돋아나고 잎은 무성해져 아름드리나무로 이 도시의 역사를 당당히 지켜갈 것이다.

수필과비평사의 방문은 바쁜 일과에 자칫 누가 되지 않을까 염려하며 이루어졌다. 함박눈이 어느새 진눈깨비로 바뀐 터라 질척거리는 길을 조심조심 걷고 있었지만 들뜬 마음은 저만치 앞서 달려가고 있었다. 건물은 먼데서 온 우리를 마중하느라 내리는 눈에 흠뻑 젖은 후줄근한 모습이었지만 빛 바랜 낡은 지붕이 왠지 고향집을 찾은 듯 낯설지가 않았다.

안으로 들어서자 출판의 산고를 치르는 분주한 일상이 한눈에 들어왔다. 탄생의 길이란 본디 좁고 험난할 수밖에 없는 듯 미로

처럼 이어져 있는 길은 좁고 길었다. 우리 일행의 어수선하던 발걸음은 수필 탄생의 엄숙한 분위기에 어느새 한 발 한 발 조심스럽고 진지해졌다.

필름 없는 인쇄혁명을 전국 최초로 도입했다는 CTP출력기와 컬러옵셋기 등 최신의 설비 기계들과 수많은 자료들이 융성했던 옛 지역출판문화를 되살리려는 발행인의 굳은 의지와 더불어 곳곳에서 뜨거운 열기를 뿜어내고 있었다. 그 열기 속엔 더러 힘에 겨운 한숨도 섞여 있겠지만 출판 역사를 이어간다는 자부심만은 충천하리라. 수줍은 듯 구석에 숨어서 빼꼼이 우리를 내다보는 책들과 눈이 마주쳤다. 말하지 않고 바라만 보아도 책들과 우리의 꿈이 동질의 것임은 자명한 일이다. 찡긋 윙크라도 하고 싶은 마음을 애써 달랬다.

배우자를 선택할 때는 호감 외에도 상대의 가치관을 따져보게 된다. 어떤 것에 가치기준을 두고 삶의 목표로 삼는지 그래서 상대의 가치를 인정하고 존중할 수 있을 때 평생을 함께하는 배우자로 선택할 수 있을 것이다. 편집은 이러한 가치기준을 정립하는 단계이다.

심사숙고 끝에 엄선하여 만났지만 그렇다고 모든 뜻이 같을 수는 없다. 티격태격하며 서로의 결점을 보완하는 교정 기간을 거치게 된다. 왜곡된 사실은 없는지, 재평가되어야 하는 부분은 없는지, 어긋난 곳을 꿰어 맞추는 노력은 불편과 수고를 감내해야만 한다. 교정의 단계는 인고의 세월이지만 활짝 웃을 수 있는 미래가 보장되기에 기꺼이 참고 견뎌낼 수 있는 것이다.

교정의 격랑을 헤치고 나오면 둘은 일거수일투족을 꿰뚫어보는 서로의 거울이 된다. 말하지 않아도 알 수 있기에 너는 나이고 나는 너이다. 모든 것이 인정되고 수긍되는 서로의 복제물이 되는 것이다. 선명도를 최대한 유지하여야 질 좋은 삶으로 이어지기에 잉크액과 윤활유를 적절하게 잘 배합하는 일이 중요하다. 제자리를 확고하게 자리매김하는 것이 인쇄의 과정이다.

튼실한 내용물로 꽉 찬 인쇄물에 멋들어진 표지를 입히고 문패처럼 당당히 제목을 단다. 그동안의 노고가 덩실한 옥동자와 금지옥엽의 책으로 결실을 본다. 이제 날개를 달고 세계화를 목표로 비상할 일만 남았다. 어느 곳에서든 제대로 된 대접을 받으며 마음껏 위상을 떨치기를 염원하는 걱정 반 기대 반의 부모마음이 된다.

편집 · 교정 · 인쇄 · 제본 · 유통의 과정이 한곳에서 이루어지는 수필과비평사는 수필역사의 산실이다. 윤전기는 역사탄생의 숭고한 사명을 띠고 쉴 새 없이 돌아간다. 하나로 똘똘 뭉친 단결된 힘이 찬란한 역사를 기록하고 기억하게 할 것이다. 수필탄생의 환희와 거기에 조금이나마 동참한다는 자부심을 안고 다음을 기약하며 수필과비평사를 나왔다.

종일 고단했던 몸을 숙소에 누이자 잘잘 끓는 바닥의 따끈한 온기가 전해져온다. 추운 날 따끈한 온기보다 더 좋은 인심은 없을 것이다. 이 고장의 후한 인심에 잠결은 꿈속처럼 아늑했다. 다음날 가뿐해진 몸과 마음으로 모든 일정을 거뜬하게 소화할 수 있었다. 돌아오는 길 지리산 휴게소를 지나자 거짓말처럼 눈은 사라져버렸다. 어쩌면 이틀 동안 정말 꿈속에 있었는지도 모른다고 생각하니 갑자기 마음이 바빠졌다. 부대끼는 일상의 한 자락이 후일 수필역사의 한 페이지로 남을 수 있기에 어느 것 하나 소홀히 할 수 없는 일이다.

서둘러 여행 가방을 챙겨든다.

밑줄치기

마음이 끌리는 문장이나 나름대로 기억해 둘 만한 구절이 나오면 서둘러 밑줄을 친다. 나중에 책을 읽을 때 밑줄을 친 부분에 자연 시선이 멈춘다. 그리고 밑줄을 친 의도와 뜻을 음미해 보게 된다. 자칫 놓칠지도 모르는 소중한 의미를 꼭 붙잡아 두려는 마음이 밑줄에 보이기도 한다.

지인에게는 어렵게 얻은 무남독녀가 있다. 누가 봐도 천방지축 철부지였다. 덩치는 다 큰 처녀인데 행동이나 말투에는 어리광이 묻어난다. 친구들에게 인기가 있었는지 학생회장으로 뽑히게 되었다. 지인은 대견해 하면서도 걱정이 앞섰다. 한 해를 마무리하는 학예회에서 의젓하고 야무지게 책임을 다하는 아이를 보고는 자리가 사람을 만든다는 말이 틀린 말이 아니라며 대견해 했다.

그냥 무덤덤하게 묻혀 버렸을지도 모를 아이의 잠재력이 회장으로 밑줄쳐지는 순간 탄력을 받았으리라. 그 힘은 맡은 일에 최선을 다하는 원동력이 되어 선택받은 삶을 갈고 닦는다. 밑줄을 치는 것은 존재를 확인해 주는 일이며 그 존재에 긍지를 갖게 하는 일이다.

어떤 것에 밑줄을 쳐야 할지 가려내는 일은 쉬운 일이 아니다. 일관성 없이 세상 흐름에 따라 흔들리는 삶에는 멀미를 느낀다. 정작 밑줄을 쳐야 할 곳에는 치지 않고 엉뚱한 곳에 밑줄을 친 다음 흔들리는 중심에 곤욕을 치르는 경우를 보기도 한다.

갖가지 음식으로 여러 사람들을 만족시키는 뷔페음식점 같은 삶. 아니면 한 가지 맛으로 확실한 애호가를 확보하려는 전문음식점 같은 삶 중 어느 것에 밑줄을 그어 지표로 삼을까.

밑줄쳐진 것이 빛날 수 있는 것은 밑줄쳐지지 않은 수많은 것들이 있기 때문이다. 밑줄쳐지지 않은 것들이 품고 있을지도 모를 나름의 의미들은 무심하게 잊혀진다. 그러기에 밑줄쳐진 것이 누리는 존재가치는 수많은 잊혀지는 것들의 아픈 소멸 위에서 빛나고 있다 하겠다.

인간의 욕망은 무한해 만족이란 없다. 풍족함이 넘치면 방탕이 되기 쉽다. 자유가 넘치면 방종으로 흐른다. 이런 속물근성을 경계하려고 법이라는 규범이 단단한 밑줄을 친다. 때때로 약자에게 너무 엄격하게 적용되는 것 같아 원망하며 항변하기도 한다. 하지만 인간의 욕망에 한계를 지어 무질서를 방지하려면 강자나 약자에게 법이라는 밑줄은 꼭 필요할 것이다.

운동선수의 눈 밑에 그은 밑줄은 빛을 흡수하여 눈부심을 방지하기 위함이라고 한다. 성현들의 가르침에 밑줄을 쳐가며 공부하는 것 또한 빛에 현혹돼 갈팡질팡 헤매다가 기회를 놓치는 것을 경계하려는 엄중한 암시겠다.

신발을 신는 것은 내 자신에게 밑줄을 치는 일이다. 신발 끈을 불끈 매고 부지런히 뛴다. 신발 밑창이 닳아지면 닳아질수록 내 존재의 활약성은 드러난다. 운이 좋아 떡하니 어떤 족적을 남길지도 모를 일이다. 즐거운 상상이 꼬리를 문다.

문장에 빨간 밑줄을 치고 있으니 늦게나마 세상물정에 어떤 자신감을 갖는 느낌이 든다.

집

난 아버지를 위해 뭔가 해 드리고 싶었지만 마음뿐 누워계신 아버지에게 별로 해드릴 만한 것이 없었다. 갓 나온 달콤하고 새큼한 요구르트를 좋아하셨지만 열 살 남짓의 나에게는 사 드릴 능력이 없었다. 통학시절 버스를 타고 가다 살이 통통히 오른 꿩이 산기슭에서 놀고 있는 것을 보면 남몰래 조바심이 났다. 푹 고은 꿩국 한 그릇이면 병마를 훌훌 털고 젊고 건강한 아버지로 다시 서실 것만 같았기 때문이다.

시골 방 아랫목에서의 생활이 전부인 아버지에게 객지에서 찾아드는 막내딸은 늘 빈손이었다. 죄송스런 마음에 선뜻 아버지 곁에 다가가지도 못했다. 집에 갈 때 내 소원은 라면 한 박스와 요구르트 한 묶음을 앞장세우는 것이었다. 취직이 되어 막내딸이 사준 맛난 음식을 잡수실 아버지를 생각하며 첫 월급을 고대하던 어느 날, 아버지는 홀연히 세상을 떠나셨다. 라면과 요구르트는 벗을 수 없는 짐이 되어 내 어깨에 걸쳐 있다.

못다 한 효를 어머니에게 해 드리고 싶지만 정작 어머니가 필요로 하는 것은 별로 없다. 거동이 불편하니 용돈도 필요치 않다 하고, 있는 옷도 다 못 입어보고 가겠다 하고, 약도 진절머리난다 하신다. 내가 겨우 할 수 있는 건 달짝지근한 먹을거리를 이것저것 챙겨 보내는 정도다. 맛나게 잡수시며 무료함을 달랬으면 하는 내 기대와는 달리 오래 살아 자식들 귀찮게 한다며 속을 끓이신다. 몸이 아파도 멀리 있는 자식들 오라 가라 할 수 없다며 입원하기를 마다하고 떠나고 나면 연락 갈 테니 섭섭하게 생각 말라며 진즉부터 당부하신다. 자식에게 다 내어주고 텅비어버린 가슴으로 안해도 될 속앓이까지 하시냐며 타박하고 싶은 걸 겨우 참는다.

어머니 성격을 닮아서인지 나도 남의 도움을 받을 때 불편하고 부담스럽다. 내가 남을 도울 일이 있을 때는 별 생각 없이 하면서도 남의 친절을 받을 때는 고마우면서도 뭔가 편치 않아 상대에게 내가 해 줄 수 있는 일이 뭐 없을까 열심히 머리를 굴린다. 내가 베푸는 호의 때문에 상대 또한 마음의 짐을 진다는 건 미처 생각지 못한다. 은혜를 입었을 때 감사한 마음으로 끝나지 않고 굳이 마음속에 짐으로 남기는 것은 남으로부터 받는 친절이 몸에 배이지 않은 탓도 있겠으나 남의 호의를 흔쾌히 받아들이지 못하는 편협한 마음 탓이 더 클 것이다. 사람마다 제 나름의 짐을 지게 되는 것도 어찌 보면 마음의 요사스런 조화에 놀아나기 때문이 아닐까.

20대 후반, 첫아이를 낳고 이제 청춘은 끝났다는 생각에 우울했다. 자꾸만 처지는 몸과 마음을 추슬러야겠다. 운동을 시작했다. 같이 운동하는 50대 아주머니 세 분은 뭐가 그리 신나는지 매일 깔깔거리며 웃었다. 여자로서 환갑, 진갑 다 지난 나이에 즐겁고 행복한 일이 뭐 있을까 싶어 그 나이에도 정말 그렇게 삶이 즐거우냐고 물었다. 그들의 대답은 한결같았다. 자식들 제 갈 길 가게 해 놓은 지금이 가장 홀가분하고 행복하다고. 자식에 대한 부담에서 벗어난 그들은 정말 행복해 보였다. 하지만 저들이 저렇게 활짝 웃을 수 있는 건 자신들의 몫으로 주어진 짐을 착실히 지고 왔기 때문이리라. 청춘과 바꾸면서도 아까워하지 않고 기꺼이 짊어지고 왔기에 저렇게 활짝 웃을 수 있는 것이리라. 책임을 완수하고 난 당당한 황혼에 청춘은 어깨를 쓱 편다.

요즘 나라 경제가 낙관적이네 비관적이네 말들이 많다. GNP 만 달러를 달성하는 나라는 많지만 이만, 삼만 달러를 넘어서서 선진국으로 도약하는 나라는 극소수란다. 만 달러에서 무너져 버린 나라들이 부지기수라는 것이다. 공은 자꾸 튕겨야만 높이

튀어 오른다. 튕기다 말면 도로 주저앉는다. 기회를 놓치게 되면 유효기한 지난 먹을거리처럼 탈이 난다. 우리의 게으름과 방심으로 제때 해내야 할 일을 해내지 못해 이만큼 이뤄놓은 우리 경제가 바람 빠진 공처럼 탄력을 잃고 주저앉게 되지나 않을지. 그래서 후손에게 감당하기 힘든 짐을 물려주진 않을지 걱정스럽다.

'몹시도 추운 겨울날, 나그네가 산길을 가다가 추위에 쓰러진 사람을 만났다. 구해 달라 매달리는 그 사람을 구하다간 자기도 얼어죽을 것만 같아 모른 체하고 그냥 지나쳤다. 조금 뒤 다른 나그네가 쓰러진 사람을 등에 업고 걸었다. 힘이 들어 땀이 비 오듯 흘러내리니 추위는 오간데 없이 사라지고 무사히 산을 넘어 둘 다 살아날 수 있었다. 지나다보니 아까 모른 체 지나쳤던 사람이 추위에 얼어죽어 있었다.'

짐이 없는 삶을 결코 행복한 삶이라 할 수 없을 것이다. 자식이라는 짐이 없다고 자식 없는 사람이 행복해 보이지 않는다. 길을 걸을 때도 빈손으로 가게 되면 왠지 어색하고 부자연스럽다. 힘에 겨운 짐을 지고 있다면 주위를 두리번거릴 여유가 없다. 오로지 내가 가야 할 방향으로만 매진하게 된다. 짐은 우리 인생 돛단배를 채근하는 바람이 아닐까.

요즘 내겐 자식 같은 짐이 생겼다. 수필이다. 무겁고 귀찮아 내려놓고 싶지만 내려놓아 버리고 난 뒤의 허전함을 감당키 어려워 때때로 눈을 흘기면서도 보듬고 만다. 인생길에 크고 작은 짐 몇 개쯤 길동무해 가는 것도 괜찮지 않을까.

밑천삼기

조그마한 일이라도 시작할라치면 만사 젖혀두고 철학관으로 달려가는 지인이 있다. 암만 하고 싶은 일이라도 아직은 때가 아니라는 말 한마디에 마음을 접거나 사방에 운이 트였다는 말에 앞뒤 재지 않고 덥석 일을 벌이기도 한다. 한 번쯤 여태까지 예언의 확률과 신빙성을 검증해 보기라도 하련만 사리에 밝고 똑똑한 것 같은 그의 맹신이 의아할 때가 많다. 그는 아마도 철학도사의 예언을 자신이 하고자 하는 일의 가장 큰 밑천으로 삼는 듯하다.

밑천이 두둑하다는 말처럼 의욕을 불러일으키는 말도 없을 것이다. 두둑한 밑천에 못할 일이 무엇이며 설령 실패한다 해도 밑천이 두둑한데 무슨 걱정인가. 배짱을 부려 볼 수도 성공할 확률도 그만큼 높아지는데 누구든 한 밑천 단단히 챙기고 싶지 않으랴.

밑천도 사람들이 처해 있는 상황에 따라 여러 가지 형태로 나타난다.

가난한 이들에겐 뭐니 해도 몸이 밑천이다. 아기가 혼신을 다해 젖을 빠는 힘이 밑천이듯이 그들 역시 살아남기 위해 몸에 짐을 질 수밖에 없다. 몸을 밑천으로 힘겹게 비탈길을 오르다 보면 온몸이 땀으로 흥건해지면서 삶의 한 고비를 가까스로 넘어설 수 있는 것이다.

사람 사이는 신뢰가 밑천이다. 서로 믿는 마음에서 생긴 사랑의 마음이 우리 사회를 지탱하는 밑천이다.

가족의 행복은 나의 건강을 밑천으로 삼는다. 그래서 아침마다 운동을 한다. 밑천을 삼는 일은 쉬운 일이 아니다. 숨이 차고 다리는 아프다. 땀이 흘러 눈은 따갑다. 당장이라도 팽개치고 드러눕고 싶다. 하지만 몸이 힘들어야 몸이 편하다. 편한 몸을 위해 몸을 힘들게 한다. 밑천삼기는 마루 밑의 주춧돌처럼 오르는 길이 조금이라도 수월하기를 바라는 마음에서다.

아침마다 신문을 펼쳐든다. 나와는 별 상관없는 기사들조차도 관심을 갖고 꼼꼼히 읽는다. 늘 보이던 할머니가 보이지 않아 궁금해 하고 새댁이 안은 아이에게 많이 자랐다며 관심을 표한다. 이렇듯 끊임없이 세상일에 관심을 갖는 것은 세상의 일원이고자 하는 내 나름의 밑천삼기이다.

TV에서는 이산가족들의 상봉으로 눈물바다가 되었다. 단절의 아픔과 기다림의 회한이 오랜 세월 체념으로 굳어 있다가 마침내 녹아서 흐르는 것이리라. 한줄기 샘물이 강이 되고 바다를 이루듯이 오늘 흘리는 저 눈물을 밑천삼아 화해의 강이 흐르고 통일의 바다가 출렁이기를 기대해 본다.

작품 A

나는 요즘 잘 나가는 스타 중 한 명이다. 스스로 이렇게 내세우려니 쑥스럽기도 하지만 내가 이 세상의 주역인 것만은 주지의 사실이다.

내 삶의 작품들은 주역인 내가 개입하지 않으면 완성도가 떨어질 수밖에 없다. 때문에 이곳저곳에서 출연요청이 쇄도하고 있다. 나를 따르는 팬들도 확보되어 있다. 분주한 일상 속 가끔은 팬클럽 회원들과 차를 마시거나 식사를 하며 내 활동상황을 점검하는 기회를 갖는다. 그들의 조언은 스타의 길을 걷는 나에게 많은 도움이 된다. 특이한 사실은 나의 팬인 그들이지만 나 또한 그들의 팬이라는 사실이다. 우리는 한 무대에서 함께 공연에 참여하는 관계자다.

스타에게는 언제든지 안티 팬이 생길 수 있다. 때론 불만을 드러내며 얼굴을 붉히는 이를 만나게 된다. 그럴 땐 당황함을 감추고 지위와 품위에 손상입지 않도록 애써 의연한 척한다. 그들을 설득하는 노력을 게을리하지 않는다.

나에게도 무명시절은 있었다. 세상무대에 갓 발을 들여놓은 10대 때는 주어진 배역이 미미했다. 꿈은 컸지만 역량과 여건이 뒷받침되지 않았다. 기라성 같은 기성세대들에 주눅들어 의견 한 번 변변히 내세울 수 없었다. 늘 마음만 몸을 앞서 달려 나갔다.

나를 세상 무대로 이끌어주신 분이 계신다. 그분들은 나의 자질을 일찌감치 간파하고는 두 팔을 걷어붙이고 기꺼이 매니저 일을 자임하고 나섰다. 보금자리와 먹을거리는 물론이고 예의범절과 교육의 기회까지 제공하며 겉멋이 아닌 내실 있는 스타로 양성하기 위해 혹독한 매질을 하셨다. 훈련의 효과인지 시간이 흐르면서 몸과 마음은 점점 세상 리듬에 맞게 감각을 익히게 되었고 무대에 대한 두려움도 차츰 사라져 갔다. 어떤 역이든 맡겨만 준다면 멋지게 소화해 낼 수 있을 것 같은 용기와 자신감을 갖게 되었다.

2, 30대의 내게 주어진 역은 조연에 불과했다. 과욕에 템포는 빠르고 호흡은 거칠었다. 현실의 불안감으로 번번이 NG가 났다. 카메라 앵글을 좇지만 헤드라이트는 언제나 나를 비켜갔다. 어느 날 분장을 하려고 거울 앞에 앉았다가 맨얼굴에 드러난 헝클

어진 내 모습을 볼 수 있었다.

나는 나를 진단해 보았다. 표정은 감정을 순화시키지 못해 수시로 들뜨고 눈동자는 중심을 잃고 흔들렸다. 목소리는 메말라 까칠하고 걸음걸이는 뒤뚱거렸다. 목표를 향한 성급한 마음이 시선을 위로만 향하게 한 탓에 근육은 극도의 긴장상태였다.

어떤 난제도 진지하게 생각하면 대부분 풀리게 마련이다. 나를 진단하는 엄숙한 시간을 갖고서야 결점을 하나둘 교정해 나갈 수 있었다. 내게 맡겨진 배역을 제대로 소화해내기 위해서는 무엇보다 위로만 향하는 시선을 내려 주변을 두루두루 돌아볼 필요가 있었다. 기존 관습을 존중하고 새로운 변화에는 민감하게 대처하는 노력을 기울였다. 내 처지와 비슷한 동료들의 삶을 반면교사로 삼으며 거울 앞에서 매무새를 가다듬었다. 그날의 일과는 철저히 분석하고 문제점이 있으면 지혜를 모으되 어떤 일이든 무리수를 두지 않으려 했다. 쿨하고 성숙한 캐릭터로 변신을 거듭했다.

스타는 항상 철저한 자기관리가 따라야 한다. 신인시절의 순수와 열정은 그대로 간직하면서 무명시절의 서러움은 잊지 않고 주변에 관심과 따뜻한 배려를 아끼지 말 일이다. 무심코 한 행동으로 상처받는 이와 상대적 박탈감을 느끼는 이는 없는지 매일의 활동상황을 모니터해 나가는 일이 무엇보다 중요할 것이다.

무엇을 보느냐에 따라 마음상태가 달라진다고 한다. 세상의 주역인 나에게로 쏟아지는 수많은 시선을 의식하지 않을 수 없다. 캐릭터에 걸맞은 의상과 대사로 물 흐르듯 자연스런 모습이 정상의 자리를 지켜갈 비결일 것이다. 보는 것이 한결같으면 굳게 지킬 수 있다 하지 않는가.

비록 스포트라이트를 받고 있지만 머지않아 주인공의 어머니, 주인공의 할머니 역으로 비켜 앉을 것이다. 하지만 이제 두려움은 없다. 그동안 다져진 실력과 경륜으로 세상무대의 자문역도 거뜬히 해낼 자신이 있다. 눈가에 진 주름은 세상 애환을 보듬어 줄 수 있게 시선을 부드럽게 잡아줄 것이고 흐려진 시력은 그들의 실수를 긍정하는 데 도움이 될 것이다. 긴장하여 뻣뻣해 있는 그들을 녹여줄 손은 거칠지만 따뜻하여 부족함이 없을 것이고 늘 바람이 불어오는 쪽을 택해 막고 서기에 그들의 바람막이로도 충분할 것이다.

빛이 있으면 그늘도 있는 법, 차분히 그늘로 내려앉아 우뚝 솟은 그들을 자랑스럽게 바라볼 것이다. 단 한번이라도 '멋지다'라고 생각할 수 있다면 인생이란 몇 번씩 되풀이할 만한 가치가 있다고 니체는 말했다. 세상에 어엿하게 자리매김한 내 모습을 감상하는 일이란 정말 멋진 일이다.

오늘 아침도 동쪽하늘의 조명을 시작으로 막이 오른다. 어김없이 생활의 무대에 등장한 나는 한 신 한 신 혼신을 기울이며 주어진 역을 소화해 내고 있다.

구겨짐에 대하여

바람을 핑계 삼아 가로수는 잎을 떨구어 내고 있다. 속절없이 떨어져버린 잎들은 이리저리 내몰리다 구석에 구겨진 채 엉켜 있다. 아직 계절 변화를 수긍하지 못한 잎들은 나무 끝에 매달린 새 같다. 머지않아 그들도 자연의 섭리 앞에 무릎을 꿇고 말 것이다.

나무는 해를 향하여 구부러져 있다. 그것은 햇빛을 가까이하고 받으려는 나무의 지혜일 것이다. 잎은 계절상황에 떠밀려 어쩔 수 없이 색이 바래고 구겨진 채 떨어져 바스라진다. 구겨져버린 것은 더 이상 갈 수 없는 마지노선이다. 말라가는 잎을 떨구어 내는 것은 나무 또한 더 이상 구겨지고 싶지 않은 생각일 것이다.

책을 구입했다. 귀퉁이가 반듯하게 날이 서 있는 새 책은 쉽게 접근을 허용치 않는다. 책장을 넘기기가 부자연스럽고 넘긴 책장도 곧 제자리로 돌아와 버리기 일쑤다. 새로운 지식을 습득하는 일이란 결코 녹록한 것이 아니다. 구겨져 너덜해진 헌책들은 가장자리로 밀려나고 말았다.

부스럭 소리를 외마디 비명으로 남긴 채 구겨져 버린 삶은 옹색하고 암담하다. 구겨진 것을 펴기 위해선 엄청난 노력이 따른다. 상황반전은 쉽지가 않다. 구겨진 신문 속 글자들은 그 논리의 정연함에도 불구하고 활력이 없다.

구겨질 대로 구겨지고 나면 한줌도 되지 않는 부피만 남는다. 하지만 그 속에도 꿈은 있다. 구부린 채 꾸는 꿈이지만 그 꿈조차 앗아갈 수는 없다. 한줌이라도 희망의 불씨가 살아 있다면 가능성은 있다. 최소화 된 부피는 이제 부풀어 오르는 일만 남았다. 스트레칭은 여간 힘든 운동이 아니다. 구겨진 근육을 펴기 위해선 끊어질 듯한 아픔과 경련을 참아내야만 한다.

새로 산 염주는 자꾸 치솟아 잘 굴려지지가 않는다. 구르기를 거듭하다 보면 번뇌 망상의 때와 땀이 배여 나와 매끄러워질 것이다. 울쑥불쑥 주체 못하는 감정을 구기고 앉아 염주를 굴린다. 법문을 읊는다. "몸에 병 없기를 바라지 마라. 몸에 병이 없으면 탐욕이 생기기 쉽나니. 그래서 성인은 병고로써 양약을 삼으라

하셨나니라. 세상살이에 곤란 없기를 바라지 마라. 세상살이에 곤란이 없으면 업신여기는 마음과 사치한 마음이 생기나니 근심과 곤란으로써 세상을 살아가라 하셨나니라. 일을 꾀하는 데 쉽게 되기를 바라지 마라. 일이 쉽게 되면 뜻을 경솔한 데 두게 되나니 어려움을 겪어서 일을 성취하라 하셨나니라. 억울함을 당해서 밝히려고 하지 마라 억울함을 밝히면 원망을 하는 마음을 도웁게 되나니 그래서 성인이 말씀하시되 억울함을 당하는 것을 수행하는 문으로 삼게 하셨나니라."

구겨져 있다는 것은 펴질 수 있는 기회라는 말과 같다. 새로운 시작을 위해 구겨질 수밖에 없었다고 생각하자. 지금은 매서운 찬바람에 웅크릴 수밖에 없다. 하지만 봄은 그리 멀지 않다.

몸이 스트레칭에 익숙해지면 드디어 구겨짐에서 자유로워질 것이다.

추석 달

달이 떴다. 보름달이다. 와와, 환호하는 함성. 모두들 한마음이 되어 간절히 기다려온 염원이 금메달처럼 둥그렇게 떠올랐다.

귀성 차량은 앞차의 꼬리를 물고 목표를 향해 쉼 없이 달린다. 자칫 느슨해진 간격으로 제 페이스를 잃을까봐 두 눈 부릅뜨고 전진 또 전진한다. 한정된 공간의 답답함에 진땀이 흐르고 끝없을 것 같은 막막함에 숨이 막힌다. 구원투수를 부를 수도 비켜갈 갓길도 없다. 포기하고 물러날 퇴로도 없다. 오직 앞만 보고 한 걸음 한 걸음 매진하는 수밖에 선택의 여지가 없다.

성공신화에는 갖가지 사연이 있다. 싸워 이긴 자에게만 주어지는 금메달. 그것은 상황을 온전히 정복한 자만이 마음껏 누릴 수 있는 보름달이다. 지구를 중심축으로 버겁기만 한 상대 태양의 반대쪽에 당당히 자리매김하기란 고통과 인내가 따르는 험난한 길이었다. 부족한 곳을 채우려 숱한 날을 뒹굴고 구르며 땀을 쏟았고 앞을 가로막는 먹구름을 헤쳐 내느라 몸은 곤죽이 되었다.

누군가에겐 꿈이고 누군가에겐 기도이며 또 어느 누군가에겐 결실일 보름달. 탄식과 안타까움, 격려와 다짐이 한데 어우러진 한 편의 다큐멘터리다.

더 이상 오를 곳도 더 채울 여지도 없는 보름달이다. 보름달이 온전한 모습을 갖춘 것은 가득 채우지 않고선 덜어내고 비울 여력이 없을 것이기 때문이다. 채워지지 않은 것은 비우는 것이 아니라 모자라는 것이다. 진정으로 비우고 나누는 베풂은 가득 채운 흡족한 상황에서 자연스레 우러나오는 것이리라.

사랑을 덜 받은 아이는 애정결핍에 시달려 늘 사랑만을 갈구하기에 다른 세상으로 나아가지 못한다고 한다. 가슴에 그리움으로만 고향을 묻어둔다면 두고두고 감정의 빈곤에 허덕일 것이다. 추석 달 같은 금메달을 따지 못한 선수는 미완의 목표 금메달에 대한 아쉬움으로 시선이 항상 그쪽에 머물 수밖에 없다. 반면 금메달을 딴 선수는 만족한 상태에서 상황을 일단락 짓고 또 다른 곳으로 나아갈 여지가 생길 것이다. 추석명절 그립던 고향을 찾아 정에 흠뻑 적셔지면 허허롭던 몸과 마음이 튼실하고 건실해지리라. 대처를 향하는 발걸음엔 생기가 돌고 또 다른 삶을 향하여 힘차게 발걸음을 내디딜 수 있을 것이다.

지구촌 곳곳엔 흥겨운 잔치가 벌어진다. 서로 껴안고 등 두드려 격려하며 춤과 노래, 웃음꽃이 만발하다. 삶이 만개한 우리들의 추석이다. 야단법석 좀 소란스러우면 어떤가. 하늘과 땅 모두 덩실덩실 춤을 춘다.

오늘을 마음껏 누린 추석 달은 내일은 방향을 바꿔 앉아 기꺼이 자신을 덜어내 갈 것이다. 풍요의 계절, 가을이다.

스킨십

토요일 오후 지하철 안에서다. 노인은 뒤틀린 심사를 그대로 드러내며 날카로운 눈초리로 연방 위아래를 훑고 있다. 여차하면 불호령이 떨어질 것 같은 예감에 나는 마음을 조이며 사선으로 비켜 앉은 노인에게서 눈을 떼지 못한다.

노인 앞에는 남녀 한 쌍이 서로에 심취해 있다. 볼그레한 복사꽃 향기에 취한 나비는 주위 시선은 아랑곳없이 꽃을 탐색하느라 정신이 없다. 지하철 안의 사람들은 애써 눈길을 돌리곤 앞의 광경에 대한 나름의 감상문을 쓰고 있는 듯 보였다. 하지만 유독 바로 앞의 노인만은 눈을 부라리고 있다.

유아교육에서 가장 많이 듣는 말이 스킨십이라는 말이다. 스킨십을 통해 어머니와 자녀간에 애정과 신뢰가 생기고 그 애정과 신뢰를 바탕으로 자질과 자각이 풍부한 사람으로 성장한다는 것이다. 여리고 약한 것은 많은 손길을 필요로 한다. 무엇이든 작고 여린 것에는 연민이 생겨 쓰다듬고 어루만져주고 싶어진다. 그런 알뜰한 보살핌이 영양분이 되어 여린 나무는 무럭무럭 자라난다. 갓 피어난 저 청춘 꽃봉오리도 저렇게 애정의 손길을 주고받으면서 사랑이 영글어갈 것이다.

처음 만나 사랑을 할 때의 그 보드랍던 말투나 행동들이 어느새 투박하고 거칠어진다. 원하면 무엇이든 이루어질 것 같던 핑크빛 세상이 어깃장 놓듯 먹구름을 드리운다. 세상을 향해 사뿐사뿐 가볍던 발걸음은 땅을 툭툭 차고 신발을 질질 끌며 퉁명스러워진다. 거칠고 투박해진 마음을 안고 쓰다듬기란 버거운 일이다. 불평불만이 늘어갈수록 손길은 점점 멀어져만 간다.

어머니는 언제부터인가 손자손녀들을 덥썩 끌어안는 일을 그만두셨다. 유달리 정이 많으신 분이라 늘 넘치게 사랑을 주시던 분이었다. 그러던 어머니께서 어느 날부터 손자들을 맞아도 살그머니 손만 잡을 뿐 껴안고 얼굴을 부비는 애정 표현을 삼가셨다. 친구 분이 손자가 귀엽다고 볼을 쓰다듬고 어루만지자 아이가 갑자기 앙하고 울음을 터뜨렸다는 이야기를 듣고 나신 후부터인 것 같다. “보드라운 살결에 닿는 감촉이 얼마나 거칠겠노.

쭈그러진 얼굴을 들이댔으니 아이가 놀랄 만도 하지." 돌아앉으시는 어머니의 뒷모습은 나무 등걸처럼 휘어져 있었다.

청춘남녀를 향해 잔뜩 벼르는 듯한 노인의 마음도 그런 것인지 모른다. 주고받는 따스한 손길을 애써 외면하고픈 마음에 표정이 저렇게 굳었을 것이다. 마사지크림 같은 질펀한 마음 한줌 푹 떠내 부지런히 마사지해 주면 한결 부드럽고 편안한 표정으로 변하지 않을까. 위엄 있게 우뚝 서 있는 나무일수록 가까이서 보면 가지는 이리저리 휘어져 있고 껍질은 거칠어져 갈라져 있다.

아무도 내리지 않는 역, 서지도 않는 역, 없어진 역 등 한국의 쓸쓸한 간이역을 찾아다니는 꺽다리 백인 청년 롬보. 잊혀져가던 시골 역은 푸른 눈의 백인 청년이 찾아올 때면 작은 소동이 인다. "완전 구경거리가 돼요. 그래도 얼마나 친절하다구요. 한국을 떠나기 전까지 한국의 모든 역을 다 돌아볼 겁니다. 그런데 계속 없어지고 있어 서둘러야 해요. 또 얼마나 많은 사람들이 깜짝 놀랄까?"

악수하는 손 위에 왼손을 지그시 눌러 마음을 전하듯 메말라가는 마음들에 따사로운 정을 듬뿍 담아 쓰다듬어 보자. 으레 표현이 부족한 우리 정서라고 제쳐 놓을 일이 아니다. 표현하지 않는 사랑은 사랑이 없다는 말과 같다고 하지 않던가.

바담 풍

장면 1.

방학이라고 늦잠을 자는 아이를 흔들어 깨운다. 조금 더 자고 싶어 두더지마냥 이불 속을 파고드는 안타까운 몸부림을 모른 체하고 독수리가 먹이를 낚아채듯 잽싸게 이불을 낚아채며 기상나팔을 분다. 반쯤 눈을 감고 졸고 있는 아이 앞에 아침밥을 내밀자 뜨는 둥 마는 둥 숟가락을 놓는다. 일어나는 아이 뒷덜미에다 얼른 세수하고 책상 앞에 앉으라는 명령을 꽂는다. 공부방으로 쫓겨 가는 아이의 엉덩이가 씰룩거린다.

내 귀는 예리한 안테나가 되어 집안 곳곳에 주파수를 맞춘다.

공부를 한다면 분명 이것저것 필요한 것을 요구하며 유세를 부릴 터인데 아무 기척이 없는 걸 보니 엉뚱한 일을 하고 있는 것이 틀림없다. 벌컥 문을 연다. 아니나 다를까 문자메시지를 주고받느라 정신이 없다.

언성이 높아진다. 방학계획표를 짰으면 계획표대로 움직여야 할 것 아니냐고, 그까짓 것도 실천 못하는데 어떻게 앞으로 인생 계획표를 실행하겠냐고, 어제도 그제도 했던 잔소리를 오늘 또 늘어놓는다. 공부 잘하는 아이는 웬만하면 다 용서되지만 공부 못하는 아이는 작은 실수도 형편없는 아이로 취급받는 것이 세상이라며 사람대접 제대로 받으려면 공부 똑바로 하라고, 지금은 공부만 하면 되는데 왜 그걸 못하냐고 고래고래 악을 쓴다.

아이는 고개를 만발이나 빠트리고 있다. 잔뜩 주눅들어 있는 모습이 또 부아를 채운다. 할 말 있으면 당당히 주장을 내세울 것이지, 왜 꿀 먹은 벙어리냐고 또 쏟아 붓는다. 항변을 해봐야 어디서 말대꾸냐고 타박을 먹을 것이 뻔한 걸 안다. 아이는 지금 침묵시위 중이다.

문득 옆 방문이 닫혀 있는 게 수상하다. 간식을 일체 못 먹게 한 둘째가 문을 잠가놓고 혼자 과자를 먹고 있는 것이 틀림없다. 재빨리 내 잔소리의 총구가 옆방으로 향한다.

장면 2.

몸살기가 있다며 오전 내내 이불 속에서 뒹굴던 나는 배고프다는 아이들 성화에 마지못해 일어나 점심으로 칼국수를 준비한다. 물이 끓기 시작하여 면발을 막 넣는 순간 전화기가 울린다. 지인에게서 온 전화다. 심각한 분위기에 차마 전화기를 내려놓지 못한다. 전화 속 하소연은 길어지고 면발은 불어 넘친다. 빨리 전화 끊기를 바라며 아이들은 젓가락을 빨고 있다. 손짓 발짓으로 대강 넣을 것을 가리키며 그릇에 담아 먹으라고 한다. 나는 전화통 옆에 퍼더앉아 시간 가는 줄 모르고 하염없이 수다를 늘어놓고 있다. 아이들은 볼이 잔뜩 부은 얼굴로 불어터진 면발을 훌짝거린다. 나는 슬그머니 돌아앉아 하던 전화를 계속한다.

안방에는 남편이 대여섯 시간째 컴퓨터게임에 몰두해 있다. 아이들에겐 스트레스 해소 차원이라고 변명을 해둔 상태다. 하지만 시간이 길어질수록 아이들은 아빠가 게임을 즐기고 있다는 것을 눈치 챈다. 컴퓨터에 몰두해 있는 남편 곁으로 아이들이 하나 둘 모여든다. 은근슬쩍 훈수를 두며 동참한다. 이미 집안공기는 새벽녘에 들어온 남편의 술 냄새로 흐려진 상태다. 하루 종일 간식 때문에 야단맞은 아이 얼굴에 남편이 술 냄새를 확 풍기는 순간 아이 얼굴은 찡그려진다. 남편은 혈당과 혈압, 콜레스테롤이 높아 매일 아이들 보는데서 약을 복용해온 터이다. 큰맘 먹고 시작한 운동은 일이 생겨 못하고 일 때문에 못하고 컨디

션이 안 좋아 또 못하고 하루하루 핑곗거리만 쌓여간다. 아직 정초인데 거창하게 세운 올 한 해 목표가 뿌리부터 흔들린다.

장면 3.

조선중기의 문장가 신흠은 "자기의 허물을 살피고 남의 허물은 보지 않는 것이 군자요, 남의 허물은 보면서 자기의 허물을 살피지 않는 것은 소인이다."라고 했다. 자신을 점검함을 진실로 성실하게 한다면 자기의 허물이 날마다 제 앞에 보여 남의 허물을 살필 겨를조차 없는 것이라며 "자기의 잘못은 용서하고 남의 허물은 살피며 자기의 허물에 대해서는 침묵하면서 남의 허물은 들춰내는 것은 허물 중에 큰 허물이다."라고 하였다. 자신의 허물을 아는 사람은 자신을 가다듬느라 남의 허물을 탓할 여유가 없다는 것이다.

조선 후기 학자 허목은 스스로에 대해 평가를 내리며 "말은 행동을 가리지 못했고 행동은 말을 실천하지 못했다. 한갓 시끄럽게 성현의 말씀을 즐겨 읽었지만 허물을 고친 것은 하나도 없다."라며 이 글을 무덤 앞 돌에다 새겨 뒷사람이 이 글을 보고 자신을 비춰볼 수 있도록 하라고 당부하였단다.

그러고 보면 나는 허물 많은 내 자신에게 내려질 평가가 두려워 차마 살피고 비춰볼 용기조차 갖지 못하고 있는 것이다. 그저 '바담 풍'이라 해도 아이들만은 '바람 풍'으로 따라해 주기만을 바라며 억지를 부릴 수밖에.

양극화

꼬리잡기 놀이가 있다. 가위바위보를 해서 머리와 술래, 꼬리를 정한다. 제일 먼저 이긴 아이가 머리가 되고 다음이 술래, 진 아이가 꼬리가 된다. 머리가 맨 앞에 서고 나머지는 허리를 붙잡고 늘어서 맨 끝에 꼬리가 매달리게 된다.

시작과 동시에 술래는 꼬리를 잡으려고 혈안이 된다. 꼬리를 잡아 머리의 기세를 꺾어야만 자신이 머리가 될 수 있기 때문이다. 머리는 팔을 벌려 술래의 공격을 견제하고 술래의 진행 방향을 사전에 감지하는 등 미리 대처하여 최대한 꼬리를 보호해야 한다. 꼬리가 살아남아야만 자신의 입지도 굳건해질 것이고 결국 더불어 사는 길이기 때문이다. 그러기에 일부러라도 큰소리를 쳐 자신감을 내보여야 하고 힘에 겹더라도 내색 없이 우두머리의 책임을 다해야만 한다.

꼬리는 앞의 사람이 겹겹이 가로막고 있어 진행 상황을 짐작할 수가 없다. 그러니 늘 불안할 수밖에 없다. 술래의 억센 손이 언제 자신의 뒷덜미를 낚아챌지 아니면 도마뱀처럼 꼬리를 자르고 머리가 달아나버리는 건 아닌지 매사를 초조히 주시할 수밖에 없다. 타의에 의해 운명이 결정되는 상황이니 상대의 작은 몸짓에도 화들짝 놀라 우왕좌왕하지 않을 수 없는 것이다.

책임 있는 자리가 부담스럽다고 아니면 머리에 좌지우지되는 운명이 개탄스럽다고 서로 원망하며 감정의 날을 세운다면 어떻게 될까. 팽팽한 신경전으로 둘 사이가 끊어지면 그 줄이 튕기면서 누구에게 어떻게 상처를 입힐지 알 수 없다. 극으로 치닫는 입장차는 칼날을 숫돌에 간 것처럼 날카로워 상대를 해치는 무기가 될 것이다.

뾰족해져 가는 끝을 둥글려 손을 맞잡으면 둥근 원이 된다. 북극과 남극이 맞잡은 손 아름다운 별 지구는 둥글게 돌아간다. 그 지구 속 인간의 양극 남자와 여자는 사랑으로 한마음이 된다. 만남이 없다면 결코 사랑의 싹은 트지 않을 것이다.

씨를 뿌려 공들여 맺은 식물의 열매는 머리가 된다. 발마사지를 하고 지압을 하는 것은 머리를 맑게 하기 위해서다. 머리를 써 지혜를 모으는 것은 결국 힘들게 쫓아다닐 발을 위해서다. 굴지의 대기업은 노동자의 땀으로 세워지고 노동자의 안정된 삶은 기업이 책임지고 있다. 네가 나이고 내가 너인 것이다.

성현들은 가르침을 주신다. "높은 자리에 올랐을 때 낮은 자들의 심정을 헤아리고 풍부해졌을 때 어려운 이웃에 마음을 쓸 것이다. 낮은 자리에 처하게 되었을 때 불평과 원망보단 분수를 알고 더 나쁜 처지의 이들을 생각하며 감사한 마음을 가져라. 가난하게 되었을 때 오히려 몸을 각별히 생각해 다시 일어설 수 있는 기반을 닦으라."

위대한 성인들은 가장 낮은 곳으로 임함으로써 빛이 되었다. 상류층 집안 자녀들이 헐벗은 이를 위해 봉사의 삶을 선택하는 것도 결국 오르면 내려다볼 수밖에 없는 세상 이치를 말하는 것이 아닐까. 양극으로 마주한 상대의 처지를 살펴보고 상대에게 비치는 내 모습을 가다듬는 일이 중요하다.

양극화는 앞에 놓인 거울을 보며 자신의 모습을 잘 파악하는 것으로부터 해결의 실마리를 찾아야 할 것 같다.

제5부

릴레이 인생

물구나무서기

'비보이' 댄스가 젊은 층의 문화로 인기다. 흑인 사회의 길거리 문화에서 전세계 최고의 아이콘으로 자리 잡은 이 춤은 특히 한국 팀이 세계 최고의 수준을 자랑한다고 한다.

한 팔로 온몸을 지탱하고 물구나무선 채로 몸을 팽이처럼 돌리는 그들을 보며 왜 저런 불편과 위험을 감수하며 자신들을 표현해야만 할까 궁금해진다. 모든 것을 잊을 수 있고 모든 것을 가질 수 있기에 비보이가 되었다고 그들은 말한다. 울부짖는 것 같은 그들의 몸부림은 꿈을 가로막는 현실의 벽과 뒤집기로 한판 승부를 벌이는 것처럼 보인다.

물구나무서면 하늘은 땅이 되고 땅은 하늘이 된다. 늘 바닥에서 헤매던 발은 익숙지 않은 상황 탓인지 중심을 잡지 못하고 흔들거린다. 위로부터의 압력으로 늘 주눅들 수밖에 없었고 모든 것을 올려다봐야 하는 밑바닥 삶이라 변변하게 자신을 드러내 본 적이 없다. 그저 연일 땅과 실랑이를 벌이며 제자리 지키기에 급급한 일상이었다.

하지만 보고 듣고 말하며 생존의 핵심기능을 갖추고 정보를 독점하는 머리에 대한 열등감은 어쩔 수 없었다. 안간힘으로 물구나무서는 것은 여태까지 보여주지 못한 역발상을 펼쳐보고 싶기 때문이다.

한순간 바닥으로 내려앉은 머리는 아연실색한 표정이다. 이치로 보나 능력으로 보나 꼭대기에 위치하는 것은 당연한 일이라고 생각했다. 난데없는 상황에 상기되었던 표정이 차츰 낯선 환경에 대한 호기심으로 변한다. 보고 듣고 판단하여야 하는 책임과 주목받는 위치의 중압감을 벗어서인지 오히려 홀가분해 보인다. 막연하게만 느끼던 삶의 분주함을 가까이서 오가는 발자국 소리로 감지한다. 낮춰진 눈높이로 작고 낮은 사물들에 관심을 갖는다. 치솟던 마음을 겸손하게 가라앉힌다.

인간관계는 대립된 상황으로 여러 가지 갈등을 빚는다. 갈등이 지나치면 삶의 전반에 영향을 미쳐 결국 발전의 걸림돌로 작용한다. 문제해결의 실마리를 찾으려면 입장 바꿔 생각해보는 지혜가 필요하다. 그래서 간혹 내가 너일 때의 나와 네가 나일 때의 너는 무엇이 같고 무엇이 다른지 입장 바꿔 헤아려 볼 수 있는 물구나무서기를 해보면 어떨까.

세상은 캄캄한 밤인가 하면 어느새 환한 낮으로 물구나무선다. 빙글빙글 도는 세상사에서 처지와 입장은 수시로 바뀐다. 상대가 존재하고 있는 것은 그 상대의 상대인 내가 존재하는 이유이기도 하리라. 서로를 인정하고 긍정하는 물꼬가 트이면 미처 몰랐던 상처가 드러나고 정성을 다해 소독하고 치료한다면 어느새 깨끗이 아물 것이다.

물구나무서기는 누구나 설 수 있는 것이 아니다. 제자리를 확실히 확보한 건강한 삶이 뒷받침되어야 가능하다. 산은 꼭대기로부터 내려올수록 점점 넓어지는 삼각형 모양을 유지한 덕에 오랜 세월 온갖 풍파를 견뎌낼 수 있었다. 머리는 하나면서 위고 다리는 둘이면서 아래인 것은 주도하는 힘보다 받쳐주는 힘이 더 강해야 건강한 사회가 보장된다는 뜻은 아닐까. 몸은 하체가 튼튼해야 건강하다고 한다. 하체를 단련하는 것은 건물을 제대로 세우기 위한 기초공사이다.

의기양양하게 하늘을 향했던 발은 시간이 지날수록 허우적거린다. 위치가 주는 우월감은 잠시뿐 디뎌야 할 버팀목이 없어서인지 끊임없이 흔들리며 초조하고 불안해한다. 천장의 불빛은 멀뚱히 바라보기만 할 뿐 따뜻하게 감싸주진 못한다. 따끈한 방바닥이 그립다. 이제 그만 상황을 제자리로 돌리고 싶다.

뒤집고 꺾고 뻗치고 도는 비보이 춤은 역전과 반전으로 기획된 한 편의 다큐멘터리다.

우울한 바다

어렵게 생각되던 일들이 점차 쉬워지면서 나이 들어가는 것에도 프리미엄이 붙는구나 싶다. 그런데 나이 들어갈수록 생각이 다른 사람과 자리를 같이하는 일은 더 어렵게 느껴진다. 내가 중요하게 여기는 것을 상대방이 대수롭지 않게 치부해 버릴 때 의외로 큰 상처가 된다.

우울증에 대해서도 그렇다. 고생을 안해 봐서라는 둥, 할 일 없이 편해서 그렇다는 둥, 너무 나약하게 자라서 그렇다는 둥 비난 일색이지만 생각이 다른 나는 입을 닫고 만다.

우울한 이 중엔 심약한 이가 많다. 똑같은 일에 부딪힐 때도 훨씬 더 마음을 졸이고 조그만 상처라도 남에게 줄까봐 마음을 쓴다. 자기주장도 제대로 펴지 못하고 거절해야 할 때 차마 말하지 못하는 애처로운 이들이 앓는 마음의 병이다. 자기주장이 강하고 뻔뻔한 이가 우울증에 걸렸다는 말을 결코 듣지 못했다. 그들의 침묵은 욕심대로 되지 않는 세상에 분노하고 있을 뿐 내뱉을 수 없어 안으로 삭이다 그 무게에 짓눌리는 우울과는 다르다.

병은 자기의 의지와 상관없이 온다. 우울도 왠지 기분이 가라앉고 삐적삐적 눈물이 잦아지며 말수가 줄어들고 행동반경이 좁아지면서 급기야 타인과는 담을 쌓고 점점 나락으로 빠져드는 병이다.

축축한 안개처럼 소리 없이 스며들어 몸과 마음을 흩어 놓는다. '내가 앓고 있구나.' 자각했을 땐 이미 내 의지만으로 빠져나오기엔 수렁이 너무 깊다. 다른 이들이 볼 땐 아무것도 하지 않는 것처럼 보이지만 그들의 싸움은 처절하다. 눈앞에 어른거리는 죽음의 그림자로부터 필사의 탈출을 시도하고 무의미하게 떠다니는 마음을 잡아다 제자리에 붙들어 매려고 혼신을 다한다.

우울을 앓다 생을 마감하는 이를 보면 안타깝다. 마지막 순간 누군가 도저히 눈에 밟혀 차마 그 끈을 놓을 수 없었다면 세차게 잡아당기는 누군가가 있었다면 차마 그 길을 택하진 못할 것이다. 죽도록 사랑하는 사람이 있다는 것은 살 수밖에 없는 의미가 되기도 하리라.

우울을 경험해 보지 않은 이들은 남을 이해하는 폭이 얕다. 깊은 성찰의 기회가 없었기에 말과 행동이 가볍다. 매서운 추위를 겪지 않은 꽃은 그 가치가 미미하다. 따사로운 봄의 대지에서 피어나 물과 햇빛이 풍부한 여름을 지나 풍요의 가을을 맞은 일년생 꽃들은 겨울나무의 처절한 사투를 알지 못한다.

자신 앞에 주어진 따뜻한 세상이 전부인 줄 안다. 그러기에 그들은 약한 초겨울의 추위조차 견디지 못하고 시들어 버리고 만다.

모르긴 해도 종교지도자나 유명한 예술인들은 반드시 깊은 우울을 경험한 후에 성인이 되었거나 불후의 명작을 남겼을 것이다. 절망의 우울 속에서 인간이 내는 가장 밑바닥 울림을 듣고서야 아픔에 대한 공감대로 심오한 메시지를 울릴 수 있었으리라.

우울증은 고난에 대비한 예방주사와 같다. 어떤 이가 20대에 우울을 경험하고 알아낸 세상이치를 또 다른 이는 70이 되어서야 깨닫는다. 지인의 시어머니만 해도 그렇다. 어릴 때는 부잣집 막내딸로, 시집와선 남편 덕에 호의호식하며 화초처럼 살았다. 늘그막 몸은 말을 듣지 않고 존재가치는 미미해져 가는 것 같아 견디지를 못해 자식들만 볶아댄다. 하루가 멀다 하고 병원을 들락거리고 있다. 진즉에 세상이치를 깨달을 수 있었다면 훨씬 품위 있는 노년을 맞을 수 있었으리라.

세상살이에 지친 어느 날, 의도한 적 없는 우울의 바다에 빠지게 되고 그 깊이와 막막함에 두려워 떨며 살려 달라 소리쳐 보지만 아무도 관심 갖는 이가 없다. 처절한 하소연은 파도에 부서지고 망망대해 홀로 버려진 외로움에 눈물을 쏟는다. 수없이 짠물을 들이켜며 심한 무력감에 빠져 자포자기 심정이 된다. 발목을 옭아매며 수렁으로 잡아당기는 해초도 있고, 헐어 있는 가슴 얄밉게 콕콕 쪼아대는 물고기도 만난다. 떨치고 싶은 손을 꽉 물고 놓아주지 않는 꽃게도 있고 생명을 위협하는 상어 떼와도 부닥친다. 하지만 절망 속에서도 전진할 수 있는 능력이 용기라고 했던가.

지나가는 조각배를 붙잡고 악착같이 삶의 밧줄을 당기다 보면 서서히 땀이 흐르며 심장은 뜨거워오리. 크고 작은 파도를 만나 기우뚱댈지라도 물러서지 않고 혼신을 다해 노를 젓다보면 어느새 세상파도의 리듬을 타고 여유를 찾은 스스로를 발견하리라. 마침내 삶이 깜박이는 선착장이 보이고 정다운 이들의 마중도 받으며 불어오는 훈풍에 마음이 녹고 가슴 밑바닥엔 삶의 의지가 흥건하리라.

우울은 삶의 소중함을 느껴보는 기회가 되기도 한다.

호불호

"어머, 큰 죄를 지었나봐. 강아지까지도 겉멋이 잔뜩 들었네." 화려한 치장을 한 여인을 보고 가난한 주인공이 내뱉는 외화의 한 장면이다. 가진 것 없는 여주인공은 온몸을 보석으로 감고 옷을 치렁치렁 걸치고 가는 여인이 큰 죄를 지어 그 벌로 저런 거추장스러운 모습으로 다니는 거라고 비아냥거리는 것이다.

우리 사회에서 가졌다는 것은 부러움의 대상이다. 출중한 외모, 경제력, 지성, 권력은 누구나 갖고 싶어 하는 것들이다. 그것만 있으면 무슨 일이든 해결될 수 있을 것 같다. 그래서 그것을 차지하려고 혈안이 된다.

학창시절 내 친구는 자그마한 키에 수더분한 성격과 외모였다. 맛있는 도시락 반찬도 기꺼이 우리에게 나누어주는 배려가 많은 아이였다. 따스한 마음씨에 가려서인지 그 친구의 외모가 불편하다고 느낀 적이 없다.

이십대 중반쯤 친구가 달라졌다. 외모가 달라지더니 성격도 덩달아 변해갔다. 수줍던 시선은 당당해졌다. 웬만한 맞선자리는 고개를 저었다. 연로하신 부모님은 걱정이 많았지만 친구는 세상에 대한 자신감이 넘쳤다.

아직도 친구는 백마 탄 왕자를 기다린다. 그녀의 변신에 놀란 백마가 기수를 돌려 다른 곳으로 가버렸는지 통 소식이 없다. 만일 그녀가 옛모습 그대로였다면 지금쯤 또 다른 인생을 살고 있지 않을까 하는 생각이 들기도 한다.

사람의 내면을 평가받을 때 빼어난 외모는 오히려 걸림돌이 되기도 한다. 사람들은 외모에만 관심을 가져 그들이 가진 풍부한 지성, 따뜻한 마음씨는 제대로 평가받지 못하기도 한다. 또 어릴 때부터 추켜져 겸손과 아량이 부족한 사람이 될 수도 있다. 자칫 따돌림을 당하기도 한다. 선물을 받았을 때 겹겹이 싸인 화려한 포장은 거추장스럽다. 뛰어난 외모를 가졌다는 것이 축복만은 아닌 것이다.

아이로 인해 알게 된 이가 있다. 남편 때문에 그녀의 눈에 종종 눈물이 흐른다. 그녀의 남편은 자신의 잘못을 뉘우치지만 얼마 못 가 번번이 되풀이되고 있다. 대형 사업체를 여럿 거느린 그에게는 돈이라는 막강한 힘이 있다. 그 돈으로 인해 부부의 진정한 화해가 자꾸만 가로막히는 것은 아닐까. 차라리 돈이 부족하다면 둘은 삶을 위해 서로의 마음을 모을 것이다. 많은 돈이 때론 걸림돌이 되기도 한다.

현재 미국의 부자 90% 이상이 100년 안에 끼니를 걱정할 정도의 가난뱅이가 된다는 기사를 보았다. 통계적으로 3대에 걸쳐 부자로 이어지는 경우는 10%도 안 된다는 것이다. 그렇다면 지금 가난한 사람의 후손들은 부자가 될 가능성이 그만큼 높아지는 것이다. 부자라고 해서 좋아할 것도 가난하다고 해서 좌절할 일도 아니지만.

이혼율이 급증하고 있다. 사랑은 증오로 끝난다. 차라리 사랑하지 않았으면 원망도 없을 것이다. 좋다고 다 좋은 것은 아닌 것이다.

살아가면서 웃어야 할지 울어야 할지 기뻐해야 할지 화를 내야 할지 애매할 때가 더러 있다. 딸 둘을 낳은 후 셋째도 딸이라는 말에 맥이 탁 풀렸다. 내 마음 다독이느라 제대로 된 태교 한번 못했다. 그런데 아들이었다. 어머닌 눈물까지 흘리셨지만 나는 울 수도 웃을 수도 없었다. 그저 멍하기만 했다. 묘한 표정의 나를 보고 아기가 바뀐 건가 염려까지 하셨단다. 웃는다고 다 즐거운 것도 운다고 꼭 슬퍼하는 것도 아닌 것이다.

"사는 게 사는 게 아냐, 엄마." 애처로운 여배우의 유언이다. 마음 하나 둘 곳이 없다면 산다고 사는 게 아니리라. 또한 마음을 나눈 꽃이 곳곳에 피어나고 있다면 비록 죽는다 해도 죽는 게 아니리라. 좋다고 다 좋은 것은 아니며 좋지 않다고 다 좋지 않은 것도 아니다.

배경만들기

비 오는 것을 보려고 모처럼 베란다에 섰는데 빗줄기는 보이지 않는다. 비는 내 눈을 속이면서 가만가만 내리는 것 같다. 저 아래 길바닥이 흠뻑 젖은 것으로 보아 비는 분명 오고 있다. 하늘과 땅 사이 있어야 할 빗줄기가 보이지 않으니 시력을 의심한다. 나는 창밖으로 손을 내밀어 본다.

내친김에 빗줄기를 찾아 현관을 나섰다. 선명한 빗줄기는 뜻밖에도 친구 집 베란다 창 밖에 토닥토닥 내리고 있었다. 우리 집 베란다에서는 볼 수 없었던 빗줄기였다.

굵은 빗방울이건 가는 빗방울이건 그건 별 상관이 없어 보인다. 이십오층 아파트 꼭대기 층이라 우리 집은 허공을 앞뒤에 거느리고 있다. 우리 집과는 달리 친구 집은 뒷산이 다가와 운치를 더해준다. 초록이 진한 숲으로 빗줄기는 사선을 그으며 나를 놀리듯 주르륵 타고 내린다. 비는 환경이 어디냐에 따라 형체를 드러내거나 물귀신작전을 쓰는 것 같다.

죽죽 쏟아지는 빗줄기를 보고 있으니 왠지 내가 초라하다는 생각이 든다. 입만 열면 자랑거리를 주렁주렁 쏟아내는 어느 지인 앞에서 딱히 내세울 만한 배경이 없어 늘 말꼬리가 잡히던 볼품없는 내 처지가 빗줄기에 떠올랐기 때문이다.

선거철을 맞은 정치인들은 각종 홍보물에 화려한 약력을 빽빽하게 도배질한다. 인지도가 높은 분을 찾아 어깨를 나란히 하고 사진을 찍어 그럴듯한 홍보물 만들기에 열중이다. 정당의 로고가 선명하게 찍힌 현수막을 배경으로 각 후보들은 지나는 유권자의 관심을 붙잡으려 열을 올린다. 좀체 드러낼 수 없는 자신의 이미지를 근사한 배경에 깔아 확 드러나길 기대하는 것이리라. 그토록 배경 만들기에 열심인 것은 미미하던 존재가 배경으로 인해 존재가치를 부풀려 인정받을 수 있기 때문일 것이다. 어떤 배경은 거품현상임을 알지만 유권자들은 짐짓 속는 척한다. 그러나 입후보자는 서로가 잘나 보이니 이 또한 배경효과라면 어떨까 싶을 정도이다.

남편을 살해한 아내에게 무죄가 선고되었다는 뉴스가 들린다. 사람을 죽였으니 그것도 가장 가까운 가족을 죽였으니 그 죄가 엄청나게 무거울 것은 사실이다. 그러나 그녀가 털어놓은 저간의 배경이야기를 듣고는 무지막지한 죄질에도 불구하고 그녀의 안타까운 사연에 공감하여 무죄를 선고할 수밖에 없었던 것이리라. 배경은 이해력을 돋우고 공감을 이끌어내는 약방문이 되기도 한다.

하지만 지나친 배경은 눈을 부시게 하여 존재를 드러내는데 오히려 거부감을 드러낼 수도 있다. 노래에 자신이 없는 가수의 배경음악은 유난히 크게 들린다. 가수의 목소리는 들릴 듯 말듯하고 공연 대부분은 현란한 춤과 아라베스크 같은 불빛과 제스처로 현란하고 떠들썩하다. 배경에 지나치게 기대다보면 배경이 사라질 때 생명력 또한 사라질 수밖에 없는데.

그 반면 지나치게 흐릿한 배경은 전체의 빛을 바래게 해 역량을 드러내는데 마이너스효과를 거둘 수도 있다. 타고난 천재라도 여건과 환경이 따라주지 않으면 낙오돼 버린다. 고수의 장단처럼 딱 맞아떨어지는 멋들어진 배경은 한 편의 멋진 작품을 완성할 수 있을 것이다. 나는 너무 짙지도 옅지도 않은 은근한 중간색을 배경삼아 내 존재를 있는 그대로 드러내고 싶다.

모 재벌 회장의 구명 광고가 신문 지면에 떠올랐다. 그 회사의 계열사 및 하도급업체 직원들이 탄원서처럼 선처를 바라는 광고였다. 든든하게 그들을 받쳐주던 배경이 갑자기 사라져버리자 그것을 구하고자 발벗고 나선 광고였다. 처지가 바뀌면 배경도

바뀐다는 말을 나는 속으로 하고 있었다. 철통같이 높고 으리으리하던 배경은 이제는 오히려 직원들을 배경으로 세워 자신을 추스르려 한다. 어느 위치에 서느냐에 따라 배경이 될 수도 배경을 삼을 수도 있으니 배경은 묘한 여운을 준다. 배경이 없다고 기죽어 있을 일만은 아니다. 나도 누군가의 배경이 될 수 있을 것이니 그에 따른 역량을 갖추는 노력이 필요하다며 광고를 접었다.

배경은 전체 분위기를 부드럽게 하는 윤활유와도 같다. 팍팍한 삶에 마음이 메말라 바스락 소리가 날 때면 이웃과 친구라는 배경을 찾아 나서는 것은 어떨까. 배경이 있다는 것은 돌아볼 곳이 있다는 말이기도 하겠다.

'빌어먹을 힘만 있어도 축복'이라는 나사렛 장애우들, 보통사람이 생각할 수 없는 그들의 여유는 아마 종교라는 든든한 배경이 있기 때문일 것이다. 그것은 확고한 믿음이 있기 때문에 가능한 일이리라.

나의 배경은 뭐니 해도 든든한 내 가정이다. 연방 기우뚱거리는 나는 가정의 테두리 안에서 메워지고 순화된다. 가족이라는 배경을 믿고 나는 허겁지겁 세상의 바다에 뛰어드는 철없는 오기를 부리기도 한다.

걸레를 들고 집안 곳곳에 쌓인 먼지를 닦아낸다. 환해진 유리창으로 먼데 있는 산이 어김없이 우리 집 배경이 되어 줄 것만 같다. 우리 집 베란다에서도 자분자분 내리는 빗줄기를 볼 수 있을 것이다. 미덥지 아니한가.

퍼포먼스performance

겨울을 거치며 바래져버린 흐릿한 세상을 생동감 있는 풍경으로 살리기 위해 봄은 갖가지 퍼포먼스를 벌인다.

나무는 맨가지를 드러낸 어색하고 민망한 모습을 더 이상 방치할 수 없어 안간힘을 다해 꽃망울을 틔운다. 마치 몸에 페인팅을 하고 관객 앞에 나서는 배우 같다. 배우는 색과 향과 모양이 다른 갖가지 포즈를 취하며 이미지 변신을 위해 최선을 다한다.

길목에 다소곳이 선 매화가 봄을 알린다. 인고의 세월을 잘 숙성시켰기에 그윽한 향 고운 빛깔의 매혹적인 모습을 갖출 수 있었으리라. 살포시 걸어 나와 수줍게 인사하는 매화의 자태에 관중들은 탄성을 쏟아낸다. 매화의 향취에 젖은 사람들의 마음은 기대와 설렘으로 웅성거린다.

듀엣으로 함께 등장하는 개나리와 진달래는 인기만점인 봄의 스타다. 호기심이 많은 개나리는 통행이 많은 길가에 죽 늘어서서 세상이야기에 귀를 쫑긋거린다. 무엇이 그리 궁금한지 앞을 다투느라 실랑이를 벌인다. 아무 곳에나 휘묻이를 해도 반죽 좋게 잘 적응한다. 아마 그 붙임성으로 이쪽 저쪽을 아우르는 울타리가 될 수 있었으리라. 어깨동무를 하고 오가는 이를 향해 눈웃음을 짓는 앙증맞은 모습에 사람들은 그냥 지나치지 못하고 미소로 답례를 한다.

진달래는 인적이 드문 산길에 돌아앉아 있다. 수줍음이 많아서일까. 온갖 화려한 꽃들이 난무하는 상황에서도 자신의 순한 이미지를 잘 지켜왔다. 그러기에 수많은 마니아들을 확보하고 꾸준한 사랑을 받는 것이리라. 그 모습 그대로 늘 그 자리를 지키는 진달래의 은근한 매력에 끌려 사람들은 유독 봄이면 산을 찾는 것일까. 설치며 나대는 것에서 느낀 불안감이 한 발 물러선 겸양의 미에서는 편안함으로 다가오면서 더 많은 지지와 찬사를 보내는 게 아닌가 싶다.

시샘바람에 토라져 야무지게 꽃망울을 다물고 있던 벚꽃이었다. 봄햇살의 속살거림에 마음을 누그러뜨렸는지 톡톡 꽃망울을 터뜨린다. 처음엔 겸연쩍은 듯 미적대며 하나 둘씩 터지더니 어느새 터져 나오는 웃음을 참지 못하겠다는 듯 화르르 웃음보를 터뜨린다. 벚꽃의 웃음이 도미노처럼 이어지며 봄의 퍼포먼스는 절정에 오른다.

아이에게 사물에 대한 관심을 갖게 하려면 먼저 그림책을 보여주며 색감을 인지시킨다. 색색으로 펼쳐진 그림책을 보며 아이는 세상과 사물과 소통해 나간다. 봄은 채 눈뜨지 못한 우리 감성을 일깨우느라 색색의 꽃 그림책을 펼쳐놓았다. 그림책 속의 갖가지 행위예술에 취한 우리는 터져 나오는 감흥을 주체하지 못하고 아지랑이처럼 들떠 오른다.

무르익던 분위기에 봄비가 내린다. 나름으로 멋을 부린 페인팅이 빗물에 씻겨 내린다. 꽃을 놓친 나무는 후줄그레 풀이 죽었다. 비를 맞은 나무는 스스로를 다독여 다시 일어서리라. 책을 펼치면 먼저 눈을 끌어당기는 것은 그림이다. 하지만 그림만으로는 내용을 정확히 짚어낼 수가 없다. 부연해 놓은 글을 자세히 읽어야만 정황과 문맥을 보다 면밀히 이해할 수 있다. 아이는 그림책에만 머물러 있지 않는다. 컬러화된 단순 그림책에서 벗어나 흑백의 글에서 깊고도 미묘한 의미를 읽으며 성장해 간다.

들뜨고 흥분된 컬러풀한 퍼포먼스가 계속된다면 세상은 혼돈과 혼란이 계속될지도 모른다. 색을 지나치게 구별하고 모양을 판단하면서 좋고 싫음 또한 뚜렷해져 갈등이 야기된다. 돋보이려는 지나친 의욕 때문에 세상은 현란해지고 강렬한 색상은 시력을 떨어뜨려 판단력을 흐리게 할 것이다.

막다른 상황에 몰려 추락하는 꽃자리엔 싹이 돋았다. 자리매김하는 싹으로 인해 꽃은 떨어질 수밖에 없었으리라. 그림을 덜어낸 책 속에는 일상의 의미를 가진 글들이 담담히 자라고 있었다. 여린 싹은 햇살과 바람과 시간을 읽어내며 점점 여물어 갈 것이다. 잎이 튼실한 나무에는 머지않아 열매 또한 덩실하게 맺힐 것이다. 피날레를 장식하는 꽃잎이 마구 쏟아져 내린다.

딸아이는 봄을 맞아 치장이 한창이다. 옷장의 옷을 있는 대로 꺼내놓고 멋부리기에 골몰한다. 딸은 알고 있을까. 꽃은 삶을 위한 순간의 퍼포먼스라는 것을.

아침 안개

누구나 동트는 아침을 반기는 건 아닌 것 같다. 세상이 온통 안개로 자욱한 날 아침이면 또 누가 밤새 잠 못 이루고 한숨을 잔뜩 뱉어 놓은 것일까 궁금하다. 날이 새면 수많은 구둣발에 짓밟혀야 하는 땅이 뱉은 탄식일까 아니면 세상사에 멍들고 짓눌렸던 마음들의 울분일까.

차마 삼킬 수 없어 뱉어낸 입김 속엔 이루지 못한 꿈들이 눈물방울로 맺혀 있다. 이대로 주저앉을 수는 없다며 떨치고 일어서려 하지만 다시 시작하기가 두려워 자꾸만 망설인다.

시작이라는 것은 불확실성에 대한 도전이기에 두려움이 따르는 건 당연할 것이다. 주례 앞에 서서 새로운 인생을 시작하는 신랑신부도 베일에 가려진 앞날이 두려워 저토록 오들오들 떨고 있는 것이리라.

모처럼 여행길에 오를 때면 즐거움보다는 걱정이 앞선다. 계획대로 무사히 돌아올 수 있을지 기도하는 마음이 된다. 그로 인해 여행을 제대로 즐기지 못하고 항상 숙제하는 마음으로 부담을 안고 다닌다. 새로운 것을 향해 내딛는 발걸음에 두려움을 신고 망설이니 더디고 뒤처질 수밖에 없다. 시작이 반이라는 말을 주문처럼 외고 있다.

매사에 적극적인 지인이 있다. 언제 어디서나 활기에 차 있다. 하지만 그의 삶은 옆에서 지켜보기 여간 불안하지 않다. 수완이 좋아 금세 돈을 불리다가도 이일저일 마구 벌리는 통에 어느새 빚더미에 올라앉곤 한다. 그러니 늘 크고 작은 풍파를 겪으며 살고 있다. 하지만 그는 크게 개의치 않는 눈치다. 삶이란 살아내는 과정에 있다는 듯 늘 새로운 일을 찾아 즐기고 있는 듯하다.

잔뜩 드리워져 있는 아침안개가 늪일지도 모른다며 발을 내딛기를 꺼려한다. 그런 나와는 달리 지인은 아침안개는 행운을 가져다 줄 네잎클로버일지도 모른다며 무한 가능성의 기대를 버리지 않는다. 결과를 예단하며 과정을 즐기지 못하는 삶은 적극적이며 긍정적으로 살아가는 삶에 늘 주눅이 든다.

톨스토이의 ≪행복과 추억≫이라는 동화에는 무사안일주의 형과 모험을 즐기는 동생이 나온다. 위험한 일에 도전해본 적

없는 형은 한평생을 순조롭게 살아왔다. 그러나 동생은 최고인 왕의 자리에까지 올랐다가 어느 순간 거지 꼴이 되어 형에게 나타난다. 그런 동생을 보고 형은 점잖게 타이른다. "나는 비록 부자는 아니지만 지금까지 아무 일 없이 내 것을 잘 지키며 살아왔다." 듣고 있던 동생이 당당히 대꾸한다. "저는 지금 이렇게 거지꼴이 되었지만 저에게는 평생 잊을 수 없는 멋진 추억이 있지요. 그런데 형님에게는 그런 추억이 없잖아요. 그렇게 멋진 추억을 가지고 있는 것도 커다란 행복이지요."

정체를 확연히 드러내지도 않고 그렇다고 벽처럼 꽉 막혀 있어 포기해버릴 수도 없는 희뿌연 안개 같은 앞날은 어쩌면 무모하다싶을 용기로 덤벼들어야 하는지도 모른다. 뜸만 들이다 차갑게 식어버린 가슴으론 꿈의 불씨를 살리기 힘들 것이다. 잔뜩 습기를 머금고 우울해 있는 세상의 아침에 따사로운 햇살의 불을 지피자. 따끈한 열기로 맺힌 마음들을 녹이고 다독이자. 푹 주저앉아 있던 꿈들이 보송보송 살아 오르지 않을까.

인생역전이라는 솔깃한 문구로 유혹하는 복권 중에는 동전으로 긁어 당첨을 확인하는 것이 있다. 지지리도 꼬여있는 세상사 매듭을 그곳에서나마 찾아보려는 사람들은 열심히 동전을 문질러 그 열기로 안개를 걷어내려 하고 있다. 성공신화는 무모해 보이는 불같은 도전에서부터 비롯됨을 새삼 곱씹어본다.

세상 어디에서 또 누군가 신음하고 있는지 소독차가 연기를 뿜으며 달려간다. 그 뒤를 아이들이 따른다. 아이들은 불확실한 안개 속일지라도 아랑곳하지 않고 마구 달려든다.

릴레이 인생

출발선에 늘어선 사람들은 가볍게 몸을 풀거나 손을 비비며 출발 준비를 하고 있다. 채 준비가 덜 된 사람들은 허겁지겁 경황이 없다. 사람들은 들뜨고 시끌벅적한 소란 속에서도 상대를 향한 경계를 게을리하지 않는다.

드디어 출발 신호가 울렸다. 온 누리에 울려 퍼지는 종소리에 일제히 함성을 지르며 내달린다. 그 속엔 해마다 참가하는 내 모습도 보인다. 이젠 여유를 가질 법도 한데 설렘과 긴장은 처음 그대로다. 건전지를 새로 갈아끼운 듯 모두가 활기에 넘친다. 가계부 첫 장의 신년계획들은 앞서 나가려 서로 어깨를 밀치며 야단이다. 결승점의 테이프를 끊는 주인공이 되고자 결의가 대단하다.

어수선함 속에 1, 2월을 달려간다. 동산 위의 둥근 보름달은 자식의 무사를 기원하는 어머니의 마음이다. 줄달음을 치는 자식이 못내 안쓰러워선지 긴 여정을 줄여보려는 듯 치마폭으로 2월의 꼬리를 감춘다. 그런 어머니의 정성 때문인지 낯선 길에 주눅 들지 않고 자신 있게 길을 밀치고 나아간다.

3, 4월에 접어드니 어린 싹들이 기지개를 켜고 봄바람이 꽃내음을 싣고 온다. 발걸음에 한층 여유가 생겼다. 따사로운 햇살에 졸음이 몰려오면서 자꾸 헛발을 디딘다. 불현듯 꽃샘바람이 매섭게 불어닥친다. 제 페이스를 잃을까봐 눈물이 쏙 나도록 매섭게 몰아친다. 정신이 번쩍 들어 제자리를 잡는다.

낮이 점점 길어지면서 5, 6월의 길은 오르막으로 치닫는다. 후텁지근한 날씨에 목이 탄다. 차고 나아가려는 길이 자꾸 발에 엉긴다. 어디선가 응원의 함성소리와 함께 상큼한 바람 한줄기가 불어온다. 사랑하는 가족들이 물병을 건넨다. 시들어가던 몸과 마음에 생기가 돈다. 다리에 불끈 힘을 준다. 나의 기세에 주눅 든 오르막이 몸을 납작 엎드린다. 힘차게 오르막을 밟고 올라서 드디어 반환점을 돈다.

7, 8월은 호기를 부리던 몸이 폭염으로 맥을 못 춘다. 지루한 장마는 껌처럼 눌러붙어 내 다리를 붙잡고 늘어진다. 태풍을 동반한 폭풍우는 앞을 가로막는다. 숨이 턱에 찬다. 욕심을 부린

것이 화근이었다. 그렇다고 낙오될 수는 없다. 여태껏 달려온 삶의 의미를 되새긴다. 몸과 마음을 다시 추슬러야만 한다. 필요 이상 걸쳐진 옷을 벗어 던진다. 어깨와 머리에 내려앉은 먼지를 털어낸다. 터질 듯 차 있던 열기를 배출시킨다. 이제 한결 가뿐해졌다.

터널을 빠져나온 9, 10월이 되니 맑은 하늘이 보인다. 주위를 둘러보니 결실을 맺기 위한 손길이 분주하다. 가치를 높이려는 마무리 작업이 한창이다. 혼신을 다해 레이스를 펼치는 나에게 바람도 대견한 듯 등을 두드려준다. 가을들녘 허수아비는 두 손 활짝 벌려 환호를 보내고 거리의 가로수도 색색의 카드섹션으로 응원에 열심이다. 계절은 벌써 미끄럼을 타고 내리막을 향한다. 가을 길에는 넉넉한 마음이 지천에 널려있다.

드디어 막바지 11, 12월에 들어섰다. 결승점이 보이고 거리는 축제 분위기다. 그러나 결실을 맺는 일은 결코 만만치 않다. 갑자기 눈보라가 몰아친다. 찬바람에 휘청거리는 나를 다잡는다. 가까스로 결승선의 테이프를 끊는다. 마침내 이룬 결실의 순간이다.

제야의 종소리가 울려 퍼지며 성취의 기쁨을 만끽한다. 순간 다시 출발선에 선 또 다른 내가 보인다. 여태껏 움켜쥐고 달려온 삶의 배턴을 건넬 수밖에 없다. 배턴을 건네며 나는 나를 힘껏 떠밀었다. 그 힘이 밑천이 되어 제발 앞서 나가길 빌면서…….

집찾기

우리 앞집 아저씨는 집찾기에 서툴다. 예순이 갓 넘은 나인데 정신을 놓쳐버려 늘 집을 찾아 헤맨다.

25층인 집을 놔두고 23, 24층에 가서 벨을 눌러댄다. 아니라고 해도 계속 눌러대기 때문에 간간이 아주머니들의 짜증 섞인 목소리가 계단을 타고 날카롭게 번진다.

어떨 땐 하염없이 엘리베이터를 오르내리기도 한다. 그의 부인과 딸이 외출해 버린 날, 비밀번호를 알 리 없는 그는 문 앞에서서 끊임없이 벨을 누르고 있다. 막무가내다. 의식이 불분명한 상태에서도 끊임없이 자신의 집을 찾고자 하는 그에게 집은 과연 무엇일까.

엄마 치마폭에 매달려 졸라대는 아이처럼 문에 매달려 졸라대고 있는 그는 잃어버린 자신을 문 속에서 찾고 있는 것일지도 모른다. 젊음, 명쾌한 인지력, 인정받고 존경받는 지성인, 사랑받는 가장……. 그의 집 찾기는 잃어버린 시간을 찾으려는 안타까운 집념이 되어 닫혀버린 문 앞에서 하루 종일 보채고 있다.

이웃 남자가 돌아가고 싶은 그 시절 그 집에는 문이라는 벽은 없었을 것이다. 서기만 하면 열리는 자동문이었을 것이다. 하루 일을 마치고 돌아오면 가족들은 서로 문을 열어주려 했을 것이고 사랑스런 부인은 홍조띤 미소로 그를 맞았으리라. 서로의 마음을 덥히는 말들이 오가느라 집안은 훈기로 가득했을 것이다. 잘잘 끓는 군불 속에 밖에서는 풀지 못하고 싸매두었던 자존심 정의감 격정 · 울화 · 좌절감 등을 끌러 쏟아 부어 활활 태워 버릴 수 있었으리라.

따뜻한 밥과 정성 어린 찬으로 한상 진탕하게 먹고 나면 그깟 세상 별것 아니라는 배포 또한 두둑하게 생기지 않았을까. 자신감을 얻은 몸은 어깨를 활짝 펴고 발걸음은 당당하고 거리낌이 없었을 것이다. 그 옛날, 이웃남자에게 집은 상처 치료용 연고이자 피로회복 비타민이었을 것이다.

끊어진 연은 머물 곳이 없다. 떠다니는 구름도 집이 있어 머물고 싶고 불어대는 바람도 보금자리가 있어 멈추고 싶지 않을까. 집은 옭아매는 굴레가 아니라 내 존재를 지켜주는 틀인 것이다.

가족이라는 짐을 진 남편의 어깨가 유달리 무거워 보일 때가 있다. 허덕이는 어깨를 풀어주고 싶지만 짐과 함께 실린 행복의 무게가 더 큰 것임을 알기에 얹혀 있는 짐을 걷어내지 못한다.

집은 나이가 들수록 건강해진다고 한다. 각종 유해물질로 병든 상태의 새 집이 쓸고 닦은 세월만큼 건강해지는 것이다. 집을 찾아 돌아올 남편을 기다리며 나는 신호를 보낸다. 끊임없이 보내는 관심과 애정의 올바른 신호를 따라 남편은 두리번거리지 않고 곧장 집을 찾을 수 있으리라.

돌아오지 않는 이를 기다리는 집의 외로움을 생각해 보라. 거미줄 주름을 주렁주렁 달고 한숨 쌓인 먼지 속에서 늙어가지 않겠는가.

늙은 아버지 홀로 두고 뜬구름 같던 클레멘타인이 보금자리로 돌아와 문을 열어 달라고 보채는 소리가 들리는 듯하다.

색깔론

무슨 연유로 세상을 이렇게 바꾸어 놓았을까. 100년 만의 폭설이란다. 세상은 이제 새로워졌다. 새 세상에 첫 발을 내디디려니 망설여진다. 지금부턴 또 어떤 빛깔과 모양의 내 발자국이 남을까.

예기치 않은 사고들이 줄을 잇는다. 큰길에는 동원된 사람들이 눈을 치우고 있다. 할 일 많은 사람들이 예정에 없던 새벽일을 하게 되면 심사가 틀릴 만도 한데 거리엔 웃음꽃이 피었다. 눈이 흰색이라 얼마나 다행인가. 하얀 눈은 거부감이 없다. 눈 내린 아침에는 즐거운 웃음이 데굴데굴 구른다.

반면 무지개색은 현란하여 마음을 교란시킨다. 무당의 푸닥거리처럼 우리 영혼까지 노략질하기도 한다. 하지만 울고 웃는 변화무쌍한 우리 삶 속 곳곳에 무지개색이 배여 있다. 무지개색은 인생의 양념 같은 색이다.

검정은 어른색이다. 깊숙이 받아들이기만 할 뿐 쉬 드러내지 않는다. 격식은 차리지만 변화에는 둔감하다. 철부지가 저질러 놓은 형형색색 세상사를 검은 보자기에 감싸 안는다. "상처 입은 자가 치유할 줄 안다."는 말처럼 어둠을 아는 검은 색은 어떤 색이든 허물이든 공감한다. 차분하게 상황을 진정시킨다.

아이가 검도를 배울 때다. 흰 띠로 시작하더니 노랑, 파랑, 빨강을 거쳐 마침내 검은 띠로 승단하였다. 어쩌면 인생사도 그렇지 않을까. 순백으로 시작해 무지개색에 뒹굴다가 결국엔 검은 색으로 귀결되는 것.

다양성의 시대에는 누구나 자기만의 색깔을 갖고 싶어 한다. 뛰어난 예술가, 학자, 사업가들은 유난히 뚜렷한 자신들의 색깔이 있다. 그 빛깔로 추진력을 발휘해 남보다 앞서가게 되는 것이다. 자기만의 분명한 색깔을 고집하기란 결코 쉬운 일이 아니다. 끊임없이 유혹하는 네온 등불에 휩쓸려 빙글빙글 돌고 싶은 알량한 마음을 단속하는 일은 만만치가 않다. 자신만의 튼튼한 자물쇠가 필요한 것이다.

사람들은 색깔론을 자신들의 필요에 따라 공격과 방패막이로 쓴다. 상대를 매도하기 위해 색깔론으로 공격을 일삼기도 하고 또 상대의 공격에 마땅히 제기할 반론이 없을 때 색깔론이라며 은근슬쩍 빠져나가기도 한다. 합리적인 근거를 내세우지 못하는 사람들에 의해 색깔론은 이념의 재물이 되기도 한다.

목소리에도 당연히 색깔이 있다. 통통 튀는 발랄한 소리는 이슬 머금은 초록 같고, 꾀꼬리 같은 청아한 음성은 높푸른 파랑, 들릴 듯 말듯 수줍은 목소리는 보일 듯 말 듯한 연노랑 같고, 열창하는 노랫소리는 해를 삼킨 빨강 같다. 섹시한 허스키 음성은 뭔가 비밀이 많을 것 같은 보라색을 닮았다.

이제 나도 분명한 내 색깔을 갖고 싶다. 적당히 얼버무린 듯한 회색빛으로 이리저리 휩쓸리는 삶이 지겹다. 누가 뭐라 한들 뭐 어떤가. 헌데, 자꾸만 들려오는 방원의 〈하여가〉에 마음이 또 흔들린다.

거제, 고향바다

방문을 열자 바다는 한달음으로 가슴에 와 안겼다. 언제쯤 문이 열릴까 몹시 기다린 듯하다. 비릿한 바다냄새가 코에 스며들지만 익숙한 그 냄새를 나는 좋아한다.

썰물 때마다 조개 · 게 · 고둥들이 개펄에 깔린다. 바닷물이 나가는 것을 놓친 것은 아닐 것이지만 고것들은 인적을 느끼자 제 구멍 속으로 쏙 들어가 버린다. 그러면 숨어든 구멍을 찾아 게를 잡느라고 개펄에서 마냥 즐거운 시간을 보냈다.

때로는 느닷없이 바다가 몸부림을 쳤다. 바람을 몰아오거나 폭우를 데리고 와서 바다를 배수진으로 삼아 무슨 시위를 하는 듯했다. 잠잠하던 바다가 갑자기 사나워졌다. 어느 해는 큰 바람이 해일을 몰고 와 바닷가의 방축을 무너뜨렸다. 지붕을 날리고 가로수를 길에 내동댕이치는 소동을 빚었다.

개펄은 즐거운 장소만이 아니었다. 큰 바람이 거센 파도를 밀고 와서 개펄을 쓸고 대문을 흔들었다. 그때마다 방문을 닫아걸고 바람이 빨리 지나가기를 문구멍을 통하여 보고 있었다. 들에 나가신 부모님이 빨리 돌아오시기만을 기다렸다. 바다는 폭력동조자였다. 그 폭력에 말려들지 않으려 문을 닫아거는데 파도를 밀고 온 바람은 거세게 문을 흔들었다.

바다 저편에는 덩치 큰 산이 떡 버티고 있었다. 그 산을 타고 넘어야만 어린 날의 꿈을 이룰 수 있다고 바다는 회초리 같은 파도를 자주 휘둘렀다.

그러나 산은 웬만한 비바람에는 좀처럼 속내를 드러내지 않는다. 해는 늘 큰 산의 몫이었다. 저녁마다 해를 삼키고 산은 시커먼 괴물처럼 울부짖는 듯했다. 그 소리가 무서워 안으로만 도사리는 나를 보았다. 그것은 더 먼 밖으로 눈을 돌리려는 나에게 일종의 훼방꾼이었다.

어느 날부터 바다를 작업장으로 삼아 공사인부들이 부지런히 바다 가운데를 오가더니 굵은 기둥이 하나 둘씩 물살을 가르고 버티고 솟았다. 갑작스럽게 무슨 공사냐고 바다는 속으로 앓고 있었을 것이다.

드디어 와 함성이 터졌다. 바다를 가로질러 커다란 교량이 탄생되었다. 거제대교였다. 대교는 바다를 딛고 언덕을 밀어내며 육지로 가는 길이 되었다. 온갖 고통을 이겨낸 바다는 다시 잠잠한 물결을 나부꼈다. 주민들의 소원이 이루어진 셈이다. 대교가 들어서기 전에는 배를 이용하여 오고 갔다. 건설공학이란 것이 사람을 편하게 한다는 것을 절감하는 대교 아닌가.

새로 건설된 대교를 오가는 사람은 누구라 할 것 없이 대교의 웅장함에 눈을 둥그렇게 뜨고 대교 위아래를 살핀다. 교통이 편리해졌으니 삶의 규모도 더 편하고 윤택해질 것 같은 느낌을 받는다. 큰 조개껍데기를 차지한 집게처럼 사람들은 큰 조개껍데기를 구한 듯 좋아했다.

어디로든 마음 놓고 떠날 수 있는 길이 생겼다. 더 이상 섬사람이란 말을 듣지 않아도 되고 집에 가기 위하여 배를 부르지 않아도 된다.

높다랗게 솟은 교각이 신기해서일까. 파도는 유독 교각 아랫부분에서 무엇이 즐거운 듯 몸을 비비고 때로는 소용돌이를 친다. 세상으로 나가는 사람들에게 이 교각은 믿음직스러우니 마음 놓고 다니시라는 신호라도 보내는 것 같다. 나는 교각과 파도의 교신을 알 것 같았다.

관광객을 태운 차량 행렬이 대교를 따라 끊임없이 이어지고 있다. 분주하게 오가는 발걸음 소리를 귀기울여 듣고 있다.

자랑거리는 또 있다. 거제의 조선소들이다. 덩치 큰 배를 건조하여 드넓은 세계로 내보내는 산실이다. 밤낮 없는 땀과 정성은 언제 어디를 가든 반듯한 균형감을 가진 덩실한 선박을 낳는다. 완성된 선박은 주저앉지 않고 바다를 밀고 나아간다. 바다는 때론 거친 물살로, 때론 부드러운 너울로 강약을 조절해 가며 이동 가능하고 지속 가능한 배의 순항을 독려한다.

이제 거제도는 거가대교로 제2의 탄생을 목전에 두고 있다. 조류가 심해 엄두조차 내지 못하던 거친 바다에 침매터널을 이용해 육지와 섬을 잇고 땅과 하늘을 이을 것이다. 그동안 끊임없이 출렁대는 바다를 맞아 몸풀기를 한 거제도 아닌가. 드디어 거대한 용트림을 시작했다. 꿈과 희망을 싣고 전세계를 항해하는 낭만의 크루즈선으로 다시 태어난다.

굴은 비워진 껍데기로 다시 새 생명을 채운다. 밀려왔다 떠나가고 또다시 밀려오는 파도는 생명을 잉태하고 번식시키는 자생력으로 바다의 삶을 이어가고 있다. 믿음으로써 거센 물결을 건너고 방일하지 않음으로 커다란 바다를 건너고 정진으로 괴로움을 뛰어넘고 지혜로 청정해진다고 했다.

고향 거제바다는 편리한 교통망과 청정해역이란 이름으로 영원할 것이다.

김복혜 수필집

밑줄을 긋다

인 쇄 / 2009년 11월 25일
발 행 / 2009년 12월 1일

지은이 / 김 복 혜
발행인 / 서 정 환
발행처 / 수필과비평사

출판등록 / 1984년 8월 17일 제28호
주 소 / 서울시 종로구 익선동 30-6
운현신화타워 빌딩 2층 208호
전 화 / (02) 3675-5633, (063) 275-4000
팩 스 / (063) 274-3131
E-mail / essay321@hanmail.net

값 9,000원

ISBN 978-89-5925-631-0 03810